# LA BANDE DESSINÉE

# DOMINOS

Collection dirigée par Michel Serres
et Nayla Farouki

# BENOÎT PEETERS
# LA BANDE DESSINÉE

*Un exposé pour comprendre*
*Un essai pour réfléchir*

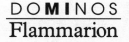

DOMINOS
Flammarion

**Benoît Peeters.** Licencié en philosophie, ancien élève de Roland Barthes à l'École pratique des hautes études, Benoît Peeters est romancier, scénariste et critique. Spécialiste d'Hergé, il a publié *Le Monde d'Hergé* et *Les Bijoux ravis*, et a coordonné l'édition de son *Œuvre intégrale* aux éditions Rombaldi. Scénariste de bande dessinée, il a conçu avec François Schuiten le cycle des «Cités obscures» : huit albums sont parus à ce jour ; ils ont été traduits dans la plupart des langues européennes.

Passionné par le récit sous toutes ses formes et par les rapports du texte et de l'image, Benoît Peeters collabore aussi avec d'autres dessinateurs (Alain Goffin, Patrick Deubelbeiss, Anne Baltus, Frédéric Boilet), ainsi qu'avec la photographe Marie-Françoise Plissart et le cinéaste Raoul Ruiz.

Parmi ses publications :

### OUVRAGES CRITIQUES

*Le Monde d'Hergé*, monographie, Casterman, 1983.

*Paul Valéry, une vie d'écrivain ?*, Les Impressions Nouvelles, 1989.

*Case, planche, récit (comment lire une bande dessinée)*, Casterman, 1991.

*Hitchcock, le travail du film*, Les Impressions Nouvelles, 1993.

### BANDES DESSINÉES

*Les Murailles de Samaris* (en collaboration avec François Schuiten), Casterman, 1983.

*La Fièvre d'Urbicande* (en collaboration avec F. Schuiten), Casterman, 1985.

*La Tour* (en collaboration avec F. Schuiten), Casterman, 1987.

*Plagiat !* (en collaboration avec F. Schuiten et Alain Goffin), Les Humanoïdes Associés, 1989.

*Dolorès* (en collaboration avec F. Schuiten et Anne Baltus), Casterman, 1991.

*Brüsel* (en collaboration avec F. Schuiten), Casterman, 1992.

*Le Théorème de Morcom* (en collaboration avec A. Goffin), Les Humanoïdes Associés, 1992.

*Love Hotel* (en collaboration avec Frédéric Boilet), Casterman, 1993.

*L'Écho des cités* (en collaboration avec F. Schuiten), Casterman, 1993.

© Flammarion 1993
ISBN : 2-08-035174-5
Imprimé en France

# Sommaire

La première fois qu'apparaît un mot
relevant d'un vocabulaire spécialisé, explicité
dans le glossaire, il est suivi d'un ★

# Avant-propos

Encensée par les uns, méprisée par les autres, la bande dessinée demeure globalement mal connue, y compris de bon nombre de ses adeptes.

Elle continue d'être accusée, pêle-mêle, d'inciter les jeunes à la violence, de les détourner de la lecture et de leur faire perdre l'orthographe, alors que deux de ses inventeurs, Töpffer et Christophe, étaient des pédagogues persuadés de sa valeur éducative. Souvent considérée comme une sous-culture, elle fut pourtant l'objet des louanges de Goethe et d'Umberto Eco, d'Alain Resnais, d'Orson Welles et de Fellini, et a inspiré, depuis le pop art, nombre de peintres importants.

L'erreur fondamentale vient sans doute de la volonté d'envisager ce média de manière globale, comme un simple phénomène de société. Or, la bande dessinée a connu, à travers les époques et les pays, des développements d'une extrême diversité. Loin d'être un simple genre, elle est une véritable forme, un moyen d'expression complet qui, comme tous les autres, a produit le meilleur et le pire et s'est adressé aux publics les plus divers. De même que le cinéma ne peut être assimilé aux tartes à la crème des premiers films burlesques, la bande dessinée ne mérite pas d'être confondue avec les « gros nez » et les « petits miquets ». Le comique et l'aventure, le réalisme et l'imaginaire, les produits populaires et les œuvres de recherche coexistent aujourd'hui, même si beaucoup d'amateurs limitent leur curiosité aux productions les plus récentes et les plus standardisées.

Le premier objectif de ce petit volume est de donner idée de la richesse de ce qu'on appela parfois le « neuvième art » (à la suite du cinéma et de la télévision). Nous nous efforcerons de décrire la multiplicité des formes qu'il a prises et les particularités d'un langage plus subtil qu'on ne le croit souvent. Et, s'il n'est pas question de résumer en quelques pages une histoire de cent soixante ans, nous tenterons d'évoquer quelques-uns de ces auteurs, célébrissimes ou confidentiels, qui, à travers un curieux mélange de dessins et de mots, ont fait rire ou rêver des générations de lecteurs.

**Hergé à sa table de travail.**
*L'élaboration d'une bande dessinée
peut être le fait d'un auteur unique,
dessinateur en même temps
que narrateur. C'est ainsi qu'Hergé
travailla jusqu'en 1942,
créant seul la moitié de son œuvre.
Le succès aidant, il créa ensuite
un studio, s'entourant
d'une dizaine de collaborateurs,
chargés les uns des décors, les autres
des couleurs ou du lettrage.
Si la précision documentaire
y gagna, l'homogénéité stylistique
y perdit quelquefois.*
© Wim Dannau /GAMMA

# Le phénomène
# bande dessinée

# La diversité d'un phénomène

## Un développement mondial

Hormis l'ex-URSS, où la bande dessinée, soupçonnée de corrompre la jeunesse, demeura longtemps interdite, il est peu de pays qui ignorent ce moyen d'expression. Mais, d'un territoire à l'autre, il a pris des formes si variées qu'il est parfois difficile de leur trouver des points communs.

La diversité même des appellations souligne bien la différence de perception du média. Pour Rodolphe Töpffer, son inventeur, il s'agissait d'«histoires en estampes»; au temps de Bécassine et des Pieds Nickelés, on parlait d'«illustrés»; pour Hergé, ce fut longtemps du «cinéma sur papier». L'expression française bande dessinée, qui semble ne s'être imposée qu'assez tardivement, met l'accent sur la continuité visuelle, tout comme le terme chinois *lianhuanhua*\* (littéralement : images enchaînées). Le mot japonais *manga*\* désigne une profusion d'images, l'italien *fumetti*\* évoque joliment les bulles dans lesquelles s'expriment les personnages et l'espagnol *historietas*\* n'insiste que sur la narrativité. Chez les Anglo-Saxons (suivis en cela par les Allemands), on continue à parler de *comics*★, marquant ainsi la dette à l'égard des *funnies*★ (histoires amusantes) du début du siècle : même lorsque la bande dessinée américaine se tourne vers l'aventure, on lui associe une connotation humoristique.

L'album cartonné et relativement luxueux, tel que nous le connaissons, est un produit avant tout francophone. Dans le reste de l'Europe, les volumes sont presque toujours souples et beaucoup moins coûteux. L'Italie, malgré les auteurs de grand talent auxquels elle a donné naissance, consomme essentiellement de la bande dessinée américaine ; Mickey, devenu Topolino, continue de régner sur les kiosques en maître incontesté. Fermée au reste de la production européenne, l'Angleterre demeure, elle aussi, très liée aux *comics*★ américains. Les pays scandinaves publient presque uniquement des bandes dessinées d'importation, alors que les Pays-Bas et l'Espagne abritent depuis longtemps des auteurs remarquables et que l'Allemagne commence enfin à développer une bande dessinée qui lui est propre. Quant aux pays de l'ancien bloc soviétique, ils s'ouvrent à la bande dessinée de manière assez chaotique, sous l'œil, hélas, un peu méfiant des éditeurs du reste de l'Europe.

Sur le continent latino-américain, c'est l'Argentine qui s'est surtout illustrée par la qualité et la diversité de ses productions, à mi-chemin des traditions européennes et nord-américaines. Aux États-Unis, le marché se partage entre les *comic strips*★, séries souvent increvables qui paraissent en noir et blanc dans les quotidiens avant d'être revendues dans le monde entier, et les *comic books*\*, fascicules de trente-deux pages aux couleurs criardes imprimées sur mauvais papier. L'essentiel de cette production est immédiatement périssable, l'album proprement dit étant rarissime, réservé à quelques produits supposés artistiques.

En Chine, le régime communiste a toujours perçu la bande dessinée comme un instrument de propagande particulièrement efficace. Un moment freiné par la Grande Révolution culturelle prolétarienne, son développement s'est accéléré depuis 1976, donnant naissance à des œuvres d'une réelle qualité.

Au Japon, pays où la bande dessinée jouit de la popularité la plus extraordinaire, les magazines de *mangas,* très épais et imprimés en noir et blanc sur mauvais papier, peuvent atteindre un tirage hebdomadaire de six millions d'exemplaires. Les éditeurs affirment même qu'ils en imprimeraient davantage si on leur accordait plus de papier ! L'auteur le plus célèbre, Osamu Tezuka (1926-1989), a vendu plus de deux cent cinquante millions d'exemplaires de ses œuvres. Mais cette production ne s'exporte guère, de même que les séries étrangères ont le plus grand mal à être traduites au Japon.

## Art, artisanat, industrie

Cette variété de supports et de publics explique que, d'un pays à l'autre, la situation des auteurs puisse changer du tout au tout, tant du point de vue de leurs droits que de leurs conditions de travail et de leurs ambitions artistiques.

En Europe, bon nombre des réussites les plus frappantes sont le fait d'un auteur unique capable d'appréhender le récit en bande dessinée dans ses composantes graphiques et langagières. Töpffer, Christophe, Saint-Ogan, Hergé dans sa première période, Jacobs, Fred et bien d'autres illustrent à merveille cette aptitude d'une seule personne à animer un univers de papier, sans établir la moindre séparation entre le texte et le dessin. A la fois écrivain et illustrateur, documentaliste, modèle et metteur en scène, l'auteur complet incarne à la perfection l'homogénéité profonde du média.

Souvent aussi, on assiste à la réunion des talents d'un scénariste et d'un dessinateur. Goscinny et Uderzo, Charlier et Giraud, Christin et Mézières sont autant de couples célèbres, inséparablement associés au succès d'une série. Mais la collaboration, si elle permet d'unir le talent littéraire et la virtuosité du dessin, risque de rendre plus difficiles ces échanges instantanés entre le verbal et le visuel, qui constituent peut-être l'essence de la bande dessinée. Pourtant, la collaboration entre les deux auteurs est parfois si étroite qu'il n'y a plus de chasse gardée : le dessinateur prend une part active dans la construction du récit, tandis que le scénariste s'efforce véritablement de penser en images.

Qu'il soit ou non son propre scénariste, le dessinateur européen accorde souvent un soin considérable à

**L'atomisation du travail.**
*Une mise en scène mélancolique du processus d'industrialisation de la bande dessinée dans les studios américains : c'est le triomphe de la division du travail et des solutions standardisées.*
© Glénat,
Will Eisner, « Le rêveur »,
*Soleil d'automne à Sunshine City.*

chacune de ses planches. Il n'est pas rare qu'il n'en réalise qu'une seule par semaine. Longtemps considéré comme un artisan spécialisé, il se voit de plus en plus comme un artiste : beaucoup exposent leurs originaux, agrandissent certaines cases* en sérigraphie* ou en lithographie*, ou mènent de front une carrière d'illustrateur, d'affichiste ou de décorateur.

Le succès aidant, des auteurs comme Hergé et Peyo ont réuni autour d'eux un véritable studio, où les tâches sont réparties de façon précise. A l'un les décors, à l'autre les uniformes et les engins, cependant qu'un spécialiste se charge du lettrage et un autre de la mise en couleurs. Mais, si le gain de temps est appréciable, le risque n'est pas mince que cette atomisation des tâches conduise à une perte de cohérence et d'unité stylistique. Dans les premiers *Tintin*, rien ne paraissait secondaire, pas même le contour d'un phylactère* (d'une bulle, si l'on préfère). Avions et automobiles étaient des caricatures, au même titre que les personnages ; ils appartenaient au même univers graphique. Avec la division du travail, voici que les images se « technicisent » et s'atomisent, que la ligne se durcit et que le souci documentaire commence à se faire obsessionnel.

De telles questions ne se posent guère aux États-Unis, où le statut des dessinateurs et des scénaristes fut longtemps celui d'employés d'un journal ou d'un *syndicate*, propriétaire exclusif du titre et des personnages. Payés uniquement à la page et privés de tout droit d'auteur jusqu'au début des années 80, les dessinateurs de firmes comme Marvel et DC sont des artisans spécialisés, chargés les uns du crayonné*, les autres de la mise à l'encre*, tandis que certains scénaristes interviennent au dernier moment seulement, ajoutant des dialogues à des pages presque achevées. Pour assurer la continuité d'une série, les changements de mains sont fréquents. Qui connaît les auteurs des récits innombrables publiés dans *Le Journal de Mickey* ou dans *Picsou Magazine*?

La bande dessinée japonaise est au moins aussi industrielle, mais les créateurs bénéficient d'une assez grande reconnaissance de leurs droits et gèrent eux-mêmes les utilisations dérivées de leurs héros, notamment sous forme de dessins animés. Il en résulte une situation financière plus favorable que n'importe où ailleurs : parmi les dix plus gros revenus du travail, il y aurait au Japon six auteurs de *mangas* !

Soumis à un rythme de production colossal, les dessinateurs les plus célèbres s'entourent de nombreux assistants pour pouvoir livrer chaque semaine dix, quinze ou trente pages. Il n'est pas rare qu'un responsable de la maison d'édition s'installe sur place pour veiller au respect des délais. A nos yeux d'Européens, le dessin de la plupart de ces bandes paraît pour le moins sommaire. C'est que, comme ses lecteurs, le dessinateur japonais se préoccupe moins d'esthétique que d'efficacité narrative et de lisibilité immédiate : à en croire les spécialistes, le temps de lecture d'une planche de *mangas* n'excéderait pas trois ou quatre secondes.

# Un langage spécifique

On assimile couramment le langage de la bande dessinée à celui du cinéma. Et, de fait, la variation des angles, les diverses échelles de plans, le principe même de la fragmentation semblent offrir à une telle comparaison un début de raison. Pourtant, sitôt que l'on observe les deux médias de façon plus précise, leurs différences apparaissent avec éclat. Nous mettrons ici l'accent sur les plus remarquables de ces spécificités : la case, la planche*, les relations entre le texte et l'image, la traduction du mouvement et du son.

## Une image en déséquilibre

Unité minimale de la bande dessinée et base de son langage, la case est une image particulière, au statut profondément ambigu. Elle se distingue autant du plan cinématographique que du tableau pictural.

Au cinéma, le cadre est une donnée constante, imposée par la prise de vue et par la projection : il existe certes différentes proportions d'images, mais il est presque impossible d'en changer à l'intérieur du même film. Dans une bande dessinée, le cadre est au contraire un élément variable, soumis au bon vouloir de l'auteur : l'élasticité fondamentale de la case lui permet de s'agrandir ou de se rétrécir en fonction des besoins ou des envies.

La case de la bande dessinée se distingue plus encore de l'image picturale. Ce sur quoi repose la peinture classique, c'est une forme de condensation : en résumant par un seul instant une situation complexe, le tableau se donne comme un objet clos et autosuffisant, capable de retenir le regard. La puissance de la bande dessinée dépend pour sa part d'une segmentation : il s'agit de choisir les étapes les plus significatives d'une action pour dépeindre un enchaînement. Loin de se donner comme une totalité, la case de bande dessinée se présente d'emblée comme un objet partiel, pris dans le contexte plus vaste de la séquence ou de la page.

Aucun regard ne peut en effet appréhender une vignette* comme une image solitaire. De manière plus ou moins manifeste, les autres images sont toujours déjà là, influençant la perception de celle sur laquelle les yeux se fixent. Écartelée entre celle qui la précède et celle qui la suit, la case de bande dessinée est prise dans ce que l'on ne craindra pas de désigner ici comme un effet de dominos : chaque vignette se doit de contenir à la fois un rappel de la précédente et un appel à la suivante. La véritable magie de la bande dessinée se révèle entre les images, dans la dynamique qu'elles décrivent, dans la tension qui les relie.

La qualité du découpage* d'une action – gage de la fluidité narrative d'une séquence – est l'un des traits par lesquels se remarque d'emblée la maîtrise d'un auteur. Une page de McCay, d'Hergé ou de Franquin peut faire l'objet d'un premier déchiffrage, en deçà de toute lecture. Entraîné naturellement de case en case, le regard épouse sans heurts le cheminement de l'action.

L'impératif de fluidité s'allie à une autre contrainte, non moins importante : la rapidité. Contrairement au cinéma, il n'est pas question de décomposer photogramme* par photogramme toutes les étapes d'un mouvement ; seuls les instants les plus significatifs doivent être représentés. C'est dire l'importance des ellipses, ces blancs entre les vignettes justement qualifiés d'entre-images*. En jouant sur la faculté d'anticipation du lecteur, les grands auteurs de bande dessinée parviennent à sous-entendre bon nombre d'images, à nous rendre visibles des situations qu'ils n'ont pourtant jamais dépeintes.

Le souvenir même que l'on a d'une case est d'ailleurs proche de l'hallucination : ce que décrit le lecteur, c'est souvent une image synthétique, empruntant à plusieurs vignettes, une case fantôme, image virtuelle qui parvient à s'imposer par un remarquable effet de persistance narrative. Ainsi dans *Tintin au Tibet* Hergé suggère-t-il en trois cases une chute du capitaine Haddock sans la représenter. A la première image, gêné par une saleté dans l'œil, le capitaine s'élance sur une passerelle : « C'est heureux que j'y voie encore

**La bande dessinée comme art de l'ellipse.**
*L'exceptionnelle fluidité narrative atteinte par un auteur comme Hergé gomme souvent l'audace des solutions auxquelles il recourt.*

*L'essentiel, ici, est moins dans ce qui est montré que dans ce qui reste sous-entendu, moins dans les cases que dans l'entre-images qui les sépare.*
© Casterman,
Hergé, *Tintin au Tibet.*

assez pour ne pas rater une marche!» A la deuxième, Tintin se retourne dans sa direction : «Halte, capitaine!... Pas là! Ici!... L'autre passerelle!..» A la troisième, Haddock est assis dans l'avion, le visage tuméfié, et l'hôtesse lui applique un pansement : «Et après ça, on regardera ce que vous avez à la paupière», lui dit-elle. Si nous n'avions pas le livre sous les yeux, nous jurerions pourtant avoir vu tomber le malheureux capitaine.

## Les usages de la planche

En bande dessinée, l'image se conjugue donc toujours au pluriel et toute page est un multicadre\*. Il s'agit d'une nouvelle différence fondamentale par rapport au langage cinématographique.

On pourrait en effet qualifier le cinéma de système immédiatement narratif : dans un film, chaque nouveau plan a, en dehors de son contenu, un caractère inattendu – on ne peut jamais le prévoir. Dans une bande dessinée, à l'inverse, chaque double page s'appréhende d'abord en un coup d'œil, avant d'être déchiffrée case après case. Tout effet inhabituel risque donc d'être désamorcé : on peut avoir vu une vignette avant de l'avoir lue. L'auteur de bande dessinée dispose, en revanche, d'une ressource que le cinéaste ignore : le fait de devoir tourner la page. Un gag peut, par exemple, avoir été préparé pendant une ou deux planches avant de trouver sa chute de l'autre côté de la feuille.

Par-delà les vignettes qui la composent, une page de bande dessinée fonctionne donc aussi comme une image en soi, aux remarquables caractéristiques. La planche est en effet un espace linéaire\*, puisqu'une bande dessinée se lit (en Occident du moins) de gauche à droite et de haut en bas, mais c'est aussi un espace tabulaire\*, puisque la page forme un espace global. Suivant les époques et les écoles, ces deux aspects ont été appréhendés de diverses façons.

Comme toute spécificité, celle-ci peut en effet être soit subie soit exaltée. Encore faut-il se garder des conclusions rapides. Trop d'observateurs (et même de théoriciens) se sont laissé fasciner par l'originalité apparente d'une mise en pages* sans considérer son incidence sur la narration. Ce regard purement forma- liste ne peut que conduire à surestimer les effets les plus tapageurs au détriment d'organisations plus sub- tiles, mais souvent moins évidentes.

Une analyse plus attentive permet, nous semble- t-il, de distinguer quatre modèles d'occupation de la planche.

La première catégorie de mise en pages peut être qualifiée de conventionnelle ou, si l'on préfère, de régulière. La planche s'y trouve divisée en trois ou quatre bandes de même hauteur, elles-mêmes divisées en images de même taille. S'il peut paraître monotone, le quadrillage qui en découle permet que la bande soit reprise sans difficulté dans les formes les plus diverses, en *strips*\* horizontaux dans les quotidiens, en colonnes verticales dans certains journaux ou aujourd'hui en format de poche. Mais par-delà toute question prag- matique, ce type de mise en pages peut aussi obéir à des mobiles esthétiques, notamment chez les humo- ristes. C'est ainsi que des dessinateurs comme Schulz, Bretécher ou Wolinski ont donné des exemples remar- quables de séquences où le moindre changement de geste ou de physionomie est mis en valeur par la régu- larité de la disposition. Rien ne vient distraire de ce sur quoi le dessinateur veut mettre l'accent.

La deuxième catégorie peut être dite décorative. Sans lier davantage la forme et le récit, ce type d'utilisation met en avant, de façon parfois très spectaculaire, les ressources tabulaires de la mise en pages. Des bandes dessinées aussi différentes que le *Tarzan*, de Burne Hogarth, *Le Mystère de la Grande Pyramide*, d'Edgar P. Jacobs, les *Delirius* et *Gaïl*, de Philippe Druillet, et certains *comic books* récents ont en commun ce privilège accordé à l'unité esthétique de la planche. Les constructions symétriques abondent, tout comme les vignettes arrondies ou triangulaires, les inclusions de cases, les débordements hors des limites du cadre. Séduisant de prime abord, ce type de construction se révèle parfois décevant à la lecture. Il arrive que la continuité narrative soit mise à mal par des recherches qui relèvent du tape-à-l'œil plus que d'un véritable renouvellement, un peu comme les effets vidéo peuvent masquer une extrême vacuité de propos.

Tout à fait différente est la catégorie rhétorique, certainement la plus répandue. Dans des bandes dessinées comme *Tintin*, *Astérix* ou *Blueberry*, l'organisation de l'espace dépend en priorité du récit : un personnage debout s'inscrit dans une vignette de format vertical, un personnage couché dans une case horizontale. La forme de la case et de la page sont fonction de l'action qui y est rapportée. Les effets d'ensemble sont rares et se veulent plutôt discrets : une grande case vient dévoiler le théâtre d'une action importante, une image fortement verticale souligne la hauteur d'un édifice ou le caractère vertigineux d'un gouffre. Tout aussi décisif que sa taille est l'emplacement de la vignette : selon qu'elle se trouve en haut ou en bas, sur une page de gauche ou sur une page de droite, son impact narratif peut varier du tout au tout. L'effet d'un coup de théâtre est ainsi multiplié si on le découvre juste après avoir tourné la page.

Avec la quatrième catégorie, la mise en pages peut réellement être qualifiée de productrice. Le récit et sa spatialisation sont tout aussi solidaires que dans l'usage rhétorique, mais les priorités sont renversées. Ici, la forme même de la planche semble dicter le récit. Par-delà sa valeur esthétique ou son effet spectaculaire, une disposition peut engendrer un morceau de narration. C'est ainsi que chez Winsor McCay, le génial créateur de *Little Nemo*, une mise en pages particulière, par exemple en escalier, détermine la progression d'une séquence : des champignons se révèlent gigantesques à mesure que l'enfant s'enfonce dans la forêt, puis ils se désagrègent en même temps que les cases rétrécissent. L'anecdote s'est pliée aux dimensions de la planche. De la même façon, chez Fred, l'auteur de *Philémon*, la page se trouve parcourue dans tous les sens : loin d'être dissimulés, les paradoxes spatiaux de la planche sont exacerbés de manière ludique. «Le lecteur a tout détraqué», déclare l'un des personnages de *L'Île des Brigadiers*, au terme d'une scène particulièrement échevelée.

Entre ces quatre catégories, les frontières sont naturellement beaucoup moins rigides que cette trop rapide analyse pourrait le laisser croire. D'une planche à l'autre, les principes d'organisation peuvent se modifier et bien des cas sont discutables. Mais, pour tous les auteurs passionnés par la bande dessinée, la page constitue un enjeu fondamental.

## Le texte et l'image

En 1837, dans sa précieuse notice sur *Monsieur Jabot,* première tentative de définition de la bande dessinée, Rodolphe Töpffer expliquait : « Ce petit livre est d'une nature mixte. Il se compose d'une série de dessins au trait. Chacun de ces dessins est accompagné d'une ou deux lignes de texte. Les dessins, sans ce texte, n'auraient qu'une signification obscure ; le texte, sans les dessins, ne signifierait rien. Le tout forme une sorte de roman, d'autant plus original qu'il ne ressemble pas mieux à un roman qu'à autre chose. »

Un siècle et demi plus tard, l'intuition de Töpffer demeure d'une étonnante actualité. Loin d'être une forme bâtarde unissant tant bien que mal le visuel et le verbal, la bande dessinée est un langage cohérent où ces deux éléments se lient de manière indissociable. Il n'est question ni de légendes ni d'illustrations, mais bien d'une véritable complémentarité entre le lisible et le visible, deux instances qui assument chacune leur part de narrativité.

Un auteur comme Régis Franc a joué en maître de ces décalages et de ces télescopages entre ce qui est dit et ce qui est montré. Dans ses *Histoires immobiles et récits inachevés,* il parvient plus d'une fois à faire émerger un récit implicite, qui n'est ni dans le texte ni dans l'image, mais dans l'espace qui les relie. Variation pleine d'humour sur quelques thèmes tchékhoviens, *La Lettre à Irina* parvient à mener de front plusieurs pistes narratives : entre le récit à la première personne, le dialogue des personnages visibles à l'avant-plan, le dialogue de ceux qui restent hors champ et les images, tout un jeu de sous-entendus se met en place.

De *Bécassine* à *Prince Valiant*, d'Alex Raymond à Edgar P. Jacobs, nombreux sont pourtant les auteurs à ne pas avoir réellement pris en compte ces possibilités, se contentant de rhabiller de neuf une structure narrative héritée du XIXᵉ siècle, celle du roman illustré ou de l'imagerie d'Épinal. Les textes de commentaire, parfois appelés récitatifs*, offrent à eux seuls un récit à part entière, reliant des vignettes qui, sinon, seraient demeurées disjointes. Il serait toutefois erroné de croire que la présence de textes récitatifs éloigne automatiquement de la bande dessinée. Des albums récents comme ceux de Loustal et Paringaux (*Cœurs de Sable*, *Barney et la note bleue*) montrent que bien des modes de relation entre le texte et l'image restent à inventer : loin de décrire ce qui se passe, le récitatif peut évoquer des éléments que le dessin ne peut que difficilement restituer, comme les pensées et les sentiments des personnages, mais aussi les bruits, les odeurs, les climats...

La présence ou l'absence de bulles est du reste loin d'être l'unique critère d'interaction entre le littéraire et le visuel. Tout aussi fondamentale me paraît la question du lettrage*, tracé de la main même du dessinateur. Si le texte était composé typographiquement, il constituerait presque immanquablement une autre

**Phylactère, bulle, ballon.**
*Un jeu plein d'humour sur
les codes de la bande dessinée… Si
le ballon (ou bulle, ou phylactère)
ne constitue nullement l'essence
de la bande dessinée,
il n'en demeure pas moins
l'un de ses signes
les plus caractéristiques. Les bulles
permettent aux personnages
de s'exprimer directement
sans le secours d'un récitatif.
Elles contribuent aussi à rythmer
la lecture, la faisant glisser
sans arrêt du verbal au visuel
et vice versa.*
© Dargaud,
Greg, *L'indispensable Achille Talon.*

entité étrangère au dessin. D'abord parce qu'il relèverait d'un procédé mécanique et non plus d'une inscription manuelle. Ensuite et surtout parce qu'il réduirait de façon considérable les possibilités de liaison entre les deux éléments, reconduisant au vieux partage entre l'illustration et sa légende.

En se glissant dans l'image, le texte d'une bande dessinée devient au contraire un élément plastique à part entière. «Je dessine mon écriture et j'écris mes dessins», explique joliment Hugo Pratt (Dominique Petitfaux, *De l'autre côté de Corto*, Casterman). Par leur position dans la case, leur taille, leur style graphique, les bulles rythment la lecture : elles définissent les silences, les hésitations, les brusques accélérations, favorisant le trajet de l'œil à travers l'image et à travers la page.

Mais les mots dans le dessin sont loin de se limiter aux seuls phylactères : ils sont aussi affiches, graffitis, titres de livres ou coupures de journaux, autant d'éléments capables de retenir le regard, évitant qu'il ne glisse trop rapidement sur une case. Un dessinateur comme Jacques Tardi joue à merveille de cette présence de l'écrit, allant jusqu'à proposer une lecture seconde à travers les inscriptions qui jalonnent des albums comme *120, rue de la Gare* ou *Jeux pour mourir*.

## Le mouvement et le son

Il arrive encore que l'on qualifie la bande dessinée de langage atrophié parce qu'elle ne dispose, contrairement au cinéma, ni du mouvement ni du son. Obser-

vation aussi absurde que si l'on accusait la musique de
ne pas avoir l'image ou la sculpture de manquer de
couleurs. La chose est claire : toute grande bande dessinée est en mesure de restituer le mouvement et de
suggérer un univers sonore.

Traduire le mouvement est même, depuis les
débuts de la bande dessinée, l'une des ambitions des
dessinateurs. Dynamisés par des traits qui prolongent
leur trajectoire ou virevoltent autour d'eux, les personnages et les engins s'élancent, se déforment ou s'entre-
choquent. Décomposés par la vitesse, il leur arrive de
ressembler aux chronophotographies\* d'Étienne-Jules
Marey : en une seule image, plusieurs étapes d'un
mouvement se superposent.

Les rares dessins dont Hergé se déclarait satisfait
sont ceux où il était parvenu à condenser différentes
phases d'une action, comme cette case du *Crabe aux
pinces d'or* où Haddock met en fuite une bande de
pillards. En un dessin, le lecteur découvre «une succession de mouvements, décomposés et répartis entre
plusieurs personnages. Cela pourrait être le même
bonhomme à des moments successifs, qui s'est couché,
qui se relève doucement, qui hésite et qui s'enfuit.
C'est en somme, si vous voulez, un raccourci d'espace
et de temps» (Numa Sadoul, *Entretiens avec Hergé*,
Casterman). De ce point de vue, il est frappant de
constater que les dessins animés adaptés des *Aventures
de Tintin* sont infiniment moins mobiles que les
albums. Les personnages, si vivants dans les cases
étroites où Hergé les faisait exister, ne sont plus que

des caricatures sautillantes dans les films qui prétendent prolonger son univers.

Tout aussi fondamentale est la suggestion du son dans la bande dessinée. Et, une fois encore, le lettrage manuel joue un rôle décisif pour faire du neuvième art un média réellement audiovisuel. Car, souvent, le texte dit autant par sa taille, sa forme, sa position dans l'image que par son seul contenu. Les lettres se boursouflent, s'amincissent ou se disloquent. Elles débordent des bulles, envahissent l'image, se font pure onomatopée*, parvenant ainsi à suggérer une véritable polyphonie.

Hergé, une fois encore, en offre un admirable exemple : dans un *strip* des *Bijoux de la Castafiore*, les gammes du pianiste Igor Wagner se sont installées au-dessus des images, comme un bruit de fond indifférent à leur découpe. Mais voici que, s'inscrivant dans des phylactères arrondis et dentelés, les cris de la Castafiore viennent rompre le continuum de cette portée, cependant que Tintin et le capitaine dialoguent dans des bulles plus traditionnelles. A la troisième case, un BOUM s'inscrit sur la gauche, à même le dessin, et Tintin s'élance pour voir qui a raté la marche. Ce sont donc quatre niveaux narratifs qui parviennent à cohabiter dans cette séquence d'allure simplissime, dont trois sont purement sonores.

Dans *Les Aventures de Spirou et Fantasio* ou les gags de *Gaston Lagaffe*, André Franquin a, lui aussi, joué en virtuose des possibilités de suggestion du son. Peu d'auteurs sont parvenus comme lui à faire sentir le

**La bande dessinée
en mouvement.**
*L'une des rares cases
dont le dessinateur se déclara
pleinement satisfait.
Il était parvenu à y dérouler
toutes les étapes d'un mouvement.*

*Tout aussi frappante est la façon
dont le son s'y propage :
telle une onde puissante,
la voix du capitaine Haddock
se répand à travers la case.*
© Casterman,
Hergé, *Le Crabe aux pinces d'or.*

bruissement de la ville, entre klaxon, coups de freins et sirènes d'ambulance. C'est peut-être dans l'album *QRN sur Bretzelburg* (scénario de Greg) qu'il a poussé le plus loin ses jeux sur l'univers sonore. Au début de l'histoire, le marsupilami ayant avalé un transistor, il est impossible d'éteindre l'appareil qui diffuse une musique tonitruante et change plusieurs fois de station. C'est en vain que Fantasio essaie de répondre au téléphone : le vacarme de la radio couvre littéralement ses paroles. Plus loin dans le même album, un médecin sadique torture le héros en faisant grincer, à grand renfort de voyelles, une craie sur un tableau noir ! Des trouvailles comme celles-là témoignent d'une belle confiance dans les potentialités du média.

**VLAM, BOUM, PAF.**
*Malgré les apparences,*
*la bande dessinée est bel et bien*
*un média audiovisuel.*
*Les onomatopées, les variations*
*de lettrage, la forme même*
*des bulles peuvent suggérer*
*de nombreux effets sonores.*
*En cette scène remarquable,*
*Franquin parvient à visualiser*
*plusieurs plans auditifs*
*et leurs interférences.*
© Dupuis,
Franquin, *QRN sur Bretzelburg.*

# Jalons pour une histoire

Même si la tradition de l'image narrative est presque aussi vieille que l'humanité, il nous semble absurde de faire remonter la bande dessinée aux grottes de Lascaux ou à la tapisserie de Bayeux pour la parer d'origines culturellement valorisées. Presque tous les théoriciens en conviennent aujourd'hui : pour qu'on puisse parler de bande dessinée, trois critères doivent être réunis – la séquentialité*, le rapport texte-image et la «reproductibilité technique *». Avant le XIXe siècle et l'expansion de la presse, cela ne fut jamais le cas.

Il n'est évidemment pas possible de proposer ici une véritable histoire de la bande dessinée (laquelle reste d'ailleurs à écrire). Pour ne pas se réduire à une fastidieuse suite de noms et de dates, la présente évocation se limitera essentiellement à une comparaison entre l'évolution de la bande dessinée francophone et celle des *comics* américains, et sera subjective par l'accent mis sur certains auteurs et certains journaux, dont les traces nous paraissent aujourd'hui les plus vivaces.

## La bande dessinée des origines

Pour que la bande dessinée s'invente, sans doute fallait-il un homme qui fût à la fois écrivain et peintre, tout en n'étant réellement ni l'un ni l'autre. Détourné de la peinture par une vue défaillante, mais caricaturiste remarquable, écrivain de talent, peut-être trop sensible à l'image pour être pur littérateur (ses *Voyages en zigzag* laissent une large place au dessin), le Genevois Rodolphe Töpffer (1799-1846) fut celui qui, le premier, incarna cette nature « mixte » dans laquelle il devait voir l'essence des « histoires en estampes ».

Dessinés vers 1827, les premiers albums furent communiqués à Goethe sous forme de manuscrit. Et c'est l'enthousiasme du vieil écrivain qui encouragea Töpffer à publier ces récits. Sept volumes oblongs furent édités entre 1833 et 1846 : *M. Jabot*, *M. Crépin*, *M. Vieux Bois*, *M. Pencil*, *Docteur Festus*, *Histoire d'Albert* et *M. Cryptogame*. Par leur humour bon enfant et leur désinvolture graphique, ils ont réjoui plusieurs générations de lecteurs. Trop longtemps passés sous silence, ils méritent aujourd'hui d'être redécouverts comme les premiers chefs-d'œuvre de la bande dessinée.

Töpffer est également l'auteur d'un *Essai de physiognomonie*, publié peu avant sa mort, où il a rassemblé l'essentiel de ses réflexions sur le genre qu'il venait de créer. Bien qu'étant d'abord un écrivain, loué entre autres par Sainte-Beuve et Xavier de Maistre, Töpffer, contrairement à la plupart des théoriciens ultérieurs

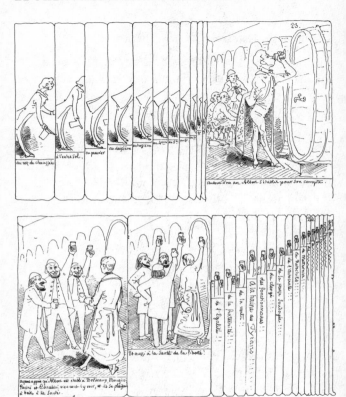

## Histoires en images.

Le Genevois Rodolphe Töpffer est plus qu'un précurseur. Ses histoires en images révèlent une compréhension profonde du média et notamment des liens indissociables entre le verbal et le visuel.

L'image se simplifie jusqu'à devenir signe. Le texte s'intègre à l'image jusqu'à se faire contre-marche ou bras tendu.

Rodolphe Töpffer, *Histoire d'Albert*.

de la bande dessinée, ne part pas d'un modèle littéraire mais bien du dessin, véritable source de la narration, ainsi que des relations indissociables qu'il entretient avec le texte.

La suite du XIX<sup>e</sup> siècle est marquée par une extension des trouvailles de Töpffer et par une sorte de régression vers le récit illustré. Amédée de Noé (1819-1879), dit Cham, adapte pour *L'Illustration* le *M. Cryptogame*, de Töpffer, après avoir réalisé plusieurs récits assez maladroitement inspirés du créateur genevois. Parmi ses multiples activités, l'homme-orchestre qu'est Nadar trouve le temps de créer la première bande dessinée politique, *Môssieu Réac*, qui paraît en 1849 dans la *Revue comique à l'usage des gens sérieux*. Cinq ans plus tard, Gustave Doré, encore tout jeune, propose une *Histoire de la sainte Russie*, aussi réactionnaire dans le propos qu'inventive dans la technique narrative ; mais, délaissant bientôt le nouveau média, il se tourne vers l'illustration, avec le succès que l'on sait.

En 1865, en Allemagne, Wilhelm Busch (1832-1908) crée dans les *Fliegende Blätter* les personnages de *Max und Moritz*, ancêtres de tous les garnements facétieux que connaîtra la bande dessinée. Toujours pas de phylactères : les légendes sont faites de petits bouts rimés qui s'inscrivent en dessous des images. Par la vivacité de ses enchaînements visuels, la série constitue pourtant une étape importante dans l'histoire de la bande dessinée.

En 1889, l'éditeur Armand Colin lance un hebdomadaire pour la jeunesse, *Le Petit Français illustré*.

Georges Colomb, dit Christophe (1856-1945), y crée *La Famille Fenouillard*, bientôt suivie de ces autres œuvres inoubliables que sont *Le Sapeur Camember* et *Le Savant Cosinus*. On note dans ces créations une régression par rapport à Töpffer sur le plan des relations entre le texte et l'image. Composées typographiquement, les légendes viennent sagement se ranger en dessous de dessins qui sont tous de même format, comme dans les images d'Épinal. Pourtant, même si son humour est avant tout verbal, Christophe est, sur le plan visuel, un remarquable inventeur : il introduit le gros plan, les plongées à cent quatre-vingts degrés et quelques autres procédés voués à un bel avenir. Également auteur, dès 1895, du premier manuel scolaire en bande dessinée, *Les Leçons de choses en 650 gravures*, Christophe déclarait dans sa préface : « L'enfant est tout yeux : ce qu'il voit le frappe plus que ce qu'il entend. »

D'autres héros de cette époque sont encore célèbres aujourd'hui. En 1905, Pinchon a créé *Bécassine* dans *La Semaine de Suzette*. Trois ans plus tard, *L'Épatant* commence à publier *Les Pieds Nickelés*, de Forton. Mais l'anarchisme de façade et le conservatisme narratif des aventures de Croquignol, Riboul-dingue et Filochard en font une œuvre bâtarde, largement surestimée. Est-ce le poids de la tradition littéraire qui longtemps a empêché la bande dessinée française de s'affranchir du système des « illustrés » ?

## Le temps des funnies

Née une première fois à Genève aux environs de 1830, la bande dessinée va connaître un second démarrage à New York à partir de 1896. Mais, tout comme le cinéma hollywoodien, elle est d'abord une invention d'émigrés européens, allemands essentiellement, marqués dans leur enfance par l'œuvre de Wilhelm Busch.

C'est la longue rivalité de deux hommes de presse – Joseph Pulitzer, le directeur du *New York World*, et William Randolph Hearst, patron du *New York Journal* et futur modèle du *Citizen Kane* de Welles – qui permet à la bande dessinée de prendre son envol. Pour conquérir de nouveaux lecteurs, les deux hommes rivalisent d'ingéniosité : ils ajoutent la couleur à leurs journaux, se volent des dessinateurs, démarquent des personnages, etc.

La première série de ces temps héroïques est le *Yellow Kid*, d'Outcault. Véritable homme-sandwich, ce petit Chinois porte sur sa chemise l'ensemble du discours : d'abord cantonnés dans une seule grande image, ses exploits vont se développer sur plusieurs cases à partir d'octobre 1896. L'année suivante, Rudolph Dirks crée les *Katzenjammer Kids* (en français *Pim, Pam, Poum*), héritiers directs de *Max und Moritz*. Et bientôt un artiste se détache nettement par la qualité visuelle et imaginative de ses bandes : Winsor McCay.

Probablement né au Canada, McCay (1867-1934) fut d'abord illustrateur forain, puis peintre d'enseignes et d'affiches. En 1903, cédant aux sollicitations d'un ancien collègue, il rejoint le *New York Herald*, que dirige James Gordon Bennett. Pour concurrencer les journaux de Pulitzer et de Hearst, Bennett demande à McCay de concevoir ses propres bandes. Après quelques séries éphémères naissent les superbes et audacieux *Cauchemars de l'amateur de fondue au chester*, sa première œuvre qui explore les possibilités du rêve. Enfin, le 15 octobre 1905, *Little Nemo* fait son entrée, tout en couleurs, dans le supplément dominical du *New York Herald*.

Dès la première planche, l'essentiel du système Nemo est en place. Le lit, à la stricte géométrie, occupe la première case. « Sa Majesté Morphée, roi de Slumberland, vous demande », annonce un curieux visiteur. Nemo enfourche Somnus, petit cheval de la nuit qui doit le conduire jusqu'à cette région, « la plus merveilleuse du ciel ». Le paysage céleste ne cesse de changer de couleur et de se remplir d'animaux pressés. Le cheval de Nemo, qui s'est emballé, bute soudain sur une étoile. Désarçonné, Nemo plonge dans le vide en trois images de plus en plus dépouillées... et se retrouve au pied de son lit.

Six années durant, sans remettre en cause ce postulat, McCay fera explorer à son petit Nemo (Personne) l'étrange Pays du Sommeil, en des féeries dignes de Swift et de Lewis Carroll. L'art de McCay tient notamment de l'exploitation toujours inventive d'un même principe, fondateur de la bande dessinée : la métamorphose. Il fait varier chacun des éléments de la série, à commencer par le lit du petit garçon. Véhicule

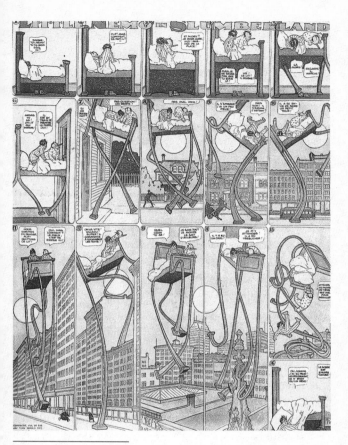

## Au pays du sommeil.

*Avec Winsor McCay,*
*la bande dessinée est utilisée dans*
*toutes ses dimensions : la case,*
*le strip, la planche, les relations*
*du texte et de l'image, du dessin*
*et de la couleur ;*
*il n'est pas un seul élément*
*de son langage qu'il n'ait porté*
*à la perfection. Cette page,*
*parue pour la première fois*
*un dimanche de l'année 1908,*
*lie une esthétique modern style*
*à un onirisme*
*constamment inventif.*
© Zenda,
Winsor McCay,
*Little Nemo in Slumberland.*

41

du rêve, le lit s'enfonce dans le sol ou s'envole, devient bateau ou traîneau, à moins que, ses pieds grandissant démesurément, il enjambe les plus vastes immeubles.

Loin de penser une à une ses vignettes, McCay les conçoit d'emblée comme les pièces d'un plus vaste dispositif : la planche. Servi par les couleurs incroyablement subtiles que des artisans hors pair obtiennent à partir de ses indications, il fait de la plupart de ses *Sunday Pages* de véritables tableaux que l'on embrasse du regard avant de les déchiffrer case à case.

Le succès de *Little Nemo* devient bientôt considérable et contribue largement à accroître l'audience du *New York Herald*. Traduite en sept langues, la série donne lieu à un grand nombre de produits dérivés, des cartes à jouer aux vêtements enfantins. En 1908, *Little Nemo* est monté à Broadway sous forme de comédie musicale et tourne à travers les États-Unis.

La suite de la carrière de McCay n'est pas moins passionnante et mériterait d'être retracée en détail. En 1911, en même temps qu'il cède aux offres de Hearst, McCay se lance à corps perdu dans une nouvelle aventure. Après avoir porté la bande dessinée jusqu'à des sommets jamais dépassés, il crée le dessin animé. Toujours aussi travailleur, il réalise entièrement seul les images de ses premiers films, avant de les présenter lui-même sur les scènes de music-hall. Devant un public ébahi, il fait mine de diriger la désobéissante Gertie, inoubliable dinosaure...

D'autres dessinateurs de premier plan sont dignes d'être cités : Geo McManus et son *Bringing up Father*

(*La Famille Illico*), d'une élégance demeurée sans égale dans la bande dessinée humoristique ; le futur peintre Lyonel Feininger et ses *Kinder-Kids* ; Gustave Verbeek et ses incroyables *Upside Downs* (*Dessus-Dessous*), que l'on peut lire à l'endroit comme à l'envers ; Pat Sullivan et son *Félix le Chat*, à ne pas confondre avec *Krazy Kat*, chef-d'œuvre d'humour absurde que George Herriman animera de 1911 jusqu'à sa mort, en 1944.

## L'âge d'or de la bande dessinée franco-belge

De l'autre côté de l'Atlantique, on est loin d'avoir atteint aux mêmes raffinements et le système issu des images d'Épinal et des albums de Christophe continue de s'imposer. Le 3 mai 1925, enfin, Alain Saint-Ogan (1895-1974) lance dans *Le Dimanche illustré* les aventures de *Zig et Puce*, introduisant le phylactère dans la bande dessinée européenne. Le pingouin Alfred, apparu quelques mois plus tard, devient très vite la véritable vedette de la série.

Mais c'est en Belgique que naît un personnage appelé à connaître un rayonnement plus universel encore. Le 10 janvier 1929, Hergé (pseudonyme de Georges Remi, 1907-1983) crée le personnage de Tintin dans *Le Petit Vingtième*, supplément pour la jeunesse du quotidien catholique et conservateur *Le XXᵉ Siècle*. Il envoie d'abord le petit reporter et son chien Milou « au pays des soviets », puis au Congo, en Amérique et en Orient, pour des exploits bientôt repris en France dans l'hebdomadaire *Cœurs vaillants*.

Malgré le charme nostalgique qui s'en dégage, ces quatre premières aventures du petit reporter à la houppe sont loin d'être des chefs-d'œuvre : le dessin reste maladroit, le récit n'est qu'une mise bout à bout de gags souvent éculés, l'évocation des pays traversés se réduit à une accumulation de clichés, reflets directs de l'idéologie réactionnaire du journal.

Un tournant capital survient avec *Le Lotus bleu*. Mis en contact avec un jeune étudiant chinois du nom de Tchang Tchong-jen, Hergé découvre la réalité de la Chine et prend conscience de la nécessité de se documenter. Désormais, il s'agit pour lui de présenter aux lecteurs une image aussi fidèle que possible des contrées dans lesquelles il envoie Tintin. Cette nouvelle exigence conduit Hergé à perfectionner tous les aspects de son travail. *Le Lotus bleu* (dont la version noir et blanc date de 1936) est ainsi le premier de ses albums à disposer d'une véritable unité narrative, par-delà les rebondissements feuilletonesques. Plus frappants encore sont les progrès qu'il accomplit dans le domaine du graphisme : l'ensemble des planches se caractérise par un superbe travail de stylisation où élégance et lisibilité se marient parfaitement.

Dix-huit autres aventures de Tintin sont publiées au fil des ans. Hergé ne cesse d'élargir les dimensions de son monde : aux côtés du jeune reporter, parfait support à l'identification du lecteur, apparaissent bientôt ces figures hautes en couleur que sont Dupond et Dupont, Bianca Castafiore, le capitaine Haddock, le professeur Tournesol et Séraphin Lampion.

Faisant preuve d'une totale confiance dans le média qu'il utilise et dont il perfectionne sans relâche la grammaire, Hergé aborde des thèmes de plus en plus ambitieux. *Le Sceptre d'Ottokar* est une critique à peine déguisée de l'Anschluss, dont l'Autriche a été victime ; *L'Étoile mystérieuse* est une métaphore de la débâcle. Quant à *Objectif Lune* et *On a marché sur la Lune*, réalisés au début des années 50 avec une incroyable précision, ils fixeront pour longtemps l'image de la conquête spatiale. Avec *Tintin au Tibet* (1960) et *Les Bijoux de la Castafiore* (1963), Hergé prend ses distances avec la bande dessinée tradition- nelle, se débarrassant du manichéisme (Rastapopou- los devient, par exemple, plus pitoyable que méchant) et jouant avec ces codes narratifs et formels qu'il a, plus que tout autre auteur, contribué à mettre en place.

Quel que soit l'angle sous lequel on l'envisage, le phénomène Tintin se révèle exceptionnel. Traduits en plus de quarante langues, vendus à plus de cent soixante-dix millions d'exemplaires, les albums d'Hergé parviennent à s'imposer de génération en génération, séduisant aussi bien les enfants les plus jeunes qu'un philosophe comme Michel Serres.

En fait, le succès de Tintin explique en grande partie la floraison de cette bande dessinée belge qui, à travers les hebdomadaires *Spirou* et *Tintin*, dominera longtemps le marché européen. Malgré leur différence de ton, les deux journaux partagent la même idéologie bien-pensante, fortement empreinte de scoutisme, dont *Les Belles Histoires de l'Oncle Paul* constituent le plus beau fleuron. Mais ils parviennent à rassembler, dans un même souci de qualité, une pléiade d'auteurs de talent.

Créé en 1938, *Spirou* est publié en France à partir de 1947. Le Français Rob Vel anime d'abord le personnage-titre du groom bientôt repris par Jijé, qui lui adjoindra son compagnon, Fantasio. Figure marquante du monde de la bande dessinée belge, Jijé (pseudonyme de Joseph Gillain) forme juste après la guerre une série de jeunes dessinateurs appelés à un bel avenir, dont Morris, qui reste éternellement fidèle à son savoureux *Lucky Luke*, et Peyo, l'inventeur de *Johan et Pirlouit*, puis des *Schtroumpfs* et de leur délicieux langage.

Mais le plus original de ces auteurs est sans conteste André Franquin (né en 1924). Il hérite de *Spirou et Fantasio* en 1946 et en fait l'une des meilleures séries pour la jeunesse, inventant le marsupilami, charmant animal à la queue démesurée, mais aussi Zorglub et le comte de Champignac.

Observateur hors pair, Franquin capte à la perfection l'architecture des années 50-60 et le grand rêve du modernisme. En 1957, il crée le personnage de Gaston Lagaffe, antihéros dont le langage et les manières feront école.

Dessinateur virtuose, admiré de tous ses pairs, Franquin livre encore ses *Idées noires* à partir de 1976, établissant ainsi une passerelle entre plusieurs générations de lecteurs.

En 1946, l'éditeur Raymond Leblanc crée un autre hebdomadaire pour la jeunesse, *Tintin*, repris en France à partir de 1948. Hergé, directeur artistique pendant les premières années, fait triompher un style plus réaliste que celui de *Spirou*, réunissant autour de lui des auteurs comme Edgar P. Jacobs, dont *Les Aventures de Blake et Mortimer* fascinent des générations de lecteurs, Paul Cuvelier (*Corentin*), Willy Vandersteen (*Bob et Bobette*), Jacques Martin (*Alix*, *Lefranc*) et bien d'autres.

En France, le journal le plus important de l'époque est sans conteste *Vaillant*, créé le 1$^{er}$ juin 1945 à l'initiative du parti communiste. Spartacus, Saint-Just et Mao Zedong jouent ici le même rôle exemplaire que Don Bosco, Surcouf et Bernadette Soubirous. Par un étonnant paradoxe, *Vaillant* se définit lui-même comme un «illustré cent pour cent français», alors que les meilleurs dessinateurs qu'il publie, au premier rang desquels Raymond Poivet (*Les Pionniers de l'Espérance*), sont fascinés par les grands *comic strips* américains. Il est amusant de constater que les journaux de bande dessinée, soutenus en Belgique par les mouvements cléricaux, le sont en France par les communistes. Mais, dans l'un et l'autre cas, l'emprise idéologique est de peu de poids face à l'effervescence imaginative des auteurs.

Le développement de la bande dessinée franco-belge est favorisé par la loi du 16 juillet 1949 sur les publications destinées à la jeunesse, symptomatiquement votée sous la pression conjointe des milieux catholiques et du parti communiste. C'est un mélange de moralisme, de protectionnisme antiaméricain et de préceptes singulièrement précis. C'est ainsi que l'on recommande aux auteurs de «ne pas aligner de suites d'images incohérentes», d'éviter «l'excès d'invraisemblance et les mystères déconcertants» ainsi que «les ensembles de lignes tourmentées, tendues, et de couleurs criardes, sans équilibre ni repos»!

Même les auteurs les plus sages vivent dans la hantise de la censure. Jean-Michel Charlier, le scénariste le plus prolifique de la période, racontait, par exemple, qu'on «ne pouvait pas voir dans la même case un personnage tirer avec une arme à feu et un autre s'écrouler. Il fallait que le tir ait lieu dans une case et que le personnage tombe dans une autre. On vous expliquait très scientifiquement que la séparation entre les cases évitait que le lecteur ne relie mentalement le coup de feu avec le personnage» (B. Peeters, *Autour du scénario,* éditions de l'Université de Bruxelles).

Il est admirable qu'en dépit de toutes ces contraintes la bande dessinée des années 50 ait pu se développer de manière aussi inventive. Construits en fonction de la publication en feuilleton hebdomadaire, les récits de cette époque sont fédérateurs de toute une tranche d'âge. En 1954, la «marque jaune» de Jacobs fleurit sur les murs de Bruxelles comme un signe de ralliement. Mais Tintin et Spirou, qui pour beaucoup de lecteurs continuent d'incarner un âge d'or de la bande dessinée, ont bien du mal à évoluer, et *Vaillant,* devenu *Pif Gadget,* perd beaucoup de son audace.

## La bande dessinée classique américaine

En 1912, Hearst – toujours lui – avait créé l'International News Service, bientôt rebaptisée King Features Syndicate. Cette agence et quelques autres replacent à bas prix les bandes dessinées américaines dans les journaux du monde entier. Et, de fait, c'est toujours pour la presse que sont créées les bandes dessinées de l'âge d'or américain. Selon une enquête de l'époque, soixante pour cent des lecteurs ouvrent d'abord leur quotidien à la page des *comic strips*. Mais, alors que la bande dessinée franco-belge s'adresse presque exclusivement aux enfants, le *comic strip* touche en priorité les adultes. En 1918, le président Thomas Woodrow Wilson ne craignait pas de lire *Krazy Kat* aux membres de son cabinet !

A partir de 1930, les séries humoristiques n'ont plus la même hégémonie que dans les décennies précédentes. En même temps que le cinéma se fait parlant, la bande dessinée devient plus réaliste et privilégie l'aventure. L'auteur majeur de la période, Alex Raymond (1909-1956), mène de front trois séries très différentes : *Jungle Jim*, *Secret Agent X 9* (dont les premiers scénarios sont signés par le romancier Dashiell Hammet) et surtout *Flash Gordon* (*Guy l'Éclair*), superbe mélange de costumes médiévaux et d'engins futuristes ; les femmes d'Alex Raymond, moulées dans des robes étroites, ont beaucoup contribué à la séduction de la série.

D'autres dessinateurs de la période sont également remarquables : Milton Caniff et la franchise de son noir et blanc, ses cadrages audacieux, ses profondeurs de champ qui annoncent celles de Welles (*Terry et les Pirates*) ; Chester Gould et son anguleux *Dick Tracy* ; Lee Falk et Phil Davis, créateurs du magicien *Mandrake* ; Segar et son *Popeye*, auquel les producteurs d'épinards élèvent une statue en 1937 ; Will Eisner et son *Spirit*, l'un des derniers vétérans encore en activité. Quant à Harold Foster (*Prince Valiant*) et Burne Hogarth (*Tarzan*), ils relèvent, malgré leur virtuosité graphique, d'un courant néo-illustratif plus que de la bande dessinée proprement dite.

A côté de ces bandes quotidiennes, les *comic books* vont s'imposer à partir de 1935. Trois ans plus tard naît le premier des superhéros, *Superman*, de Shuster et Siegel, suivi de peu par le *Batman*, de Bob Kane. Publiées chez D.C. (initiales de Detective Comics), ces deux séries connaissent un succès immédiat qui ne se démentira pas. D'autres héros, tout aussi invincibles, paraissent sous les couleurs d'une autre firme, Marvel. Dans la plupart des *comic books*, le récit est aussi simpliste que le dessin est sommaire et l'idéologie pesante. Pendant la Seconde Guerre mondiale, les superhéros épaulent l'Amérique, pourfendant les «jaunes» à longueur de pages. Plus tard, ils vont en Corée ou au Viêt-nam pour soutenir les *boys*.

Le maccarthysme n'épargne pas la bande dessinée. Dans une série d'articles, bientôt repris dans son livre *Seduction of the Innocent*, le psychiatre Frederic Wertham polémique inlassablement contre les *comic books*, accusés d'encourager au crime et aux pires perversions. En 1954 est promulgué le Comics Code Authority, auquel les éditeurs sont tenus de se plier. Désormais les personnages féminins doivent être vêtus de manière stricte et leur plastique ne doit pas être exagérément mise en valeur. Toute attaque contre la religion ou contre l'État est interdite et le bien doit toujours finir par triompher du mal. Ces multiples interdictions n'empêchent pas le *Marvel Way of Comics*\* de connaître de nouveaux développements, sous la houlette inspirée de Stan Lee et Jack Kirby, les créateurs des *Fantastic Four*.

Mais les années 50 voient aussi la naissance d'une série peu faite pour s'attirer les foudres de la censure : les *Peanuts*, de Charles Monroe Schulz, rencontrent un succès phénoménal et paraissent dans plus de deux mille journaux avant de s'étaler sur les objets les plus variés. L'inaltérable sérieux du chien Snoopy, de Charlie Brown et de leurs compagnons, les moralités douces amères qui se dégagent de ces *strips* invariablement divisés en quatre cases de même taille font des *Peanuts* une œuvre particulièrement attachante, susceptible d'être lue à différents niveaux, y compris religieux (un théologien a consacré deux ouvrages à l'Écriture sainte selon les *Peanuts*). Jules Feiffer, Walt Kelly et son *Pogo*, Johnny Hart et son *B.C.* usent eux aussi brillamment d'un graphisme minimaliste et d'un humour sophistiqué pour toucher un public plus intellectuel.

## *Pilote* et le triomphe d'Astérix

Le 29 octobre 1959, « le grand magazine illustré des jeunes » envahit les kiosques : *Pilote*. Ses animateurs sont eux-mêmes des auteurs : Jean-Michel Charlier, Albert Uderzo, dessinateur virtuose capable de passer du réalisme à l'humour, et surtout René Goscinny (1926-1977), qui marque le journal de sa double empreinte de rédacteur en chef inspiré et de scénariste à succès.

Après *Les Aventures de Tintin*, celles d'*Astérix* sont le deuxième phénomène de la bande dessinée francophone. Les rondeurs efficaces du dessin d'Uderzo, une « famille de papier » voisine de celle d'Hergé (Astérix/Tintin, Obélix/Haddock, Panoramix/Tournesol, etc.), des récits simples laissant la part belle à un humour surtout verbal et un nationalisme rigolard font de la série « l'épopée burlesque de la France » (A. Stoll). Après un démarrage assez lent, les albums connaissent un succès prodigieux, tant en France qu'à l'étranger. Plus important encore : par ses jeux de mots incessants, ses allusions à l'actualité, *Astérix* amène un nouveau public à la bande dessinée.

Quinze années durant, l'hebdomadaire *Pilote* publie de nombreuses séries d'excellente qualité, dont *Achille Talon*, de Greg, *Iznogoud*, le grand vizir dont le rêve éternel est de devenir « calife à la place du calife » (Goscinny-Tabary), *Tanguy et Laverdure*, *Blueberry* et le merveilleux *Philémon*, de Fred, l'un des rares héritiers de l'esprit de Winsor McCay.

Comme vieillissant avec ses lecteurs, la bande dessinée devient plus adolescente, s'ouvrant au *Valérian*, de Christin et Mézières, au *Grand Duduche*, de Cabu, au *Concombre masqué*, de Mandryka, et surtout à Marcel Gotlieb et à son humour savamment second degré (*Les Dingodossiers*, *La Rubrique-à-brac*). Plus important encore, cet hebdomadaire «qui s'amuse à réfléchir» développe, avec ses célèbres pages d'actualité, un véritable esprit de journal que presque tous les magazines ultérieurs lui envieront.

Devenu mensuel en 1974, *Pilote* ne retrouvera jamais le punch des années Goscinny. Après avoir perdu beaucoup de ses auteurs, le journal des éditions Dargaud use bon nombre de rédacteurs en chef et de formules supposées nouvelles jusqu'à sa disparition définitive en 1989.

## L'explosion *underground*

Pour lointaine qu'elle puisse paraître aujourd'hui, la bande dessinée *underground**, ou si l'on préfère souterraine, n'en a pas moins joué un rôle essentiel dans l'évolution de l'ensemble du média. C'est elle, somme toute, qui permet à la bande dessinée en général de passer de l'adolescence à l'âge adulte.

L'*underground* américain se montre d'abord timide : en 1952, Harvey Kurtzman lance la revue satirique *Mad*, où sont détournées la plupart des bandes dessinées classiques, puis *Help* en 1960. Le mouvement se radicalise au milieu des années 60, essentiellement avec les œuvres de Robert Crumb (*Fritz the Cat*, *Mr. Natural*) et de Gilbert Shelton (*Freak Brothers*). Le graphisme se déchaîne, les cases s'emplissent de détails incongrus, les phylactères se font argotiques ou obscènes. Intégrant pour la première fois des contenus politiques ou sexuels jusqu'alors impensables, la bande dessinée joue à plein son rôle de contre-culture.

Malgré les tirages assez réduits des magazines où sont publiés ces récits, les retombées du courant *underground* sont énormes, notamment dans la plupart des pays européens. Les premiers touchés sont les auteurs : la nouvelle génération réclame la plus complète liberté.

En France, Cavanna, Jean-Marc Reiser et Georges Bernier, dit le Professeur Choron, lancent *Hara-Kiri*, «le journal bête et méchant». Quoique la bande dessinée n'y soit pas l'essentiel, *Hara-Kiri* révèle une nouvelle école d'humoristes, à l'esprit sarcastique et au dessin faussement déjeté, celle de Reiser, de Wolinski et de Copi.

Au même moment, l'éditeur Losfeld fait paraître plusieurs albums qui marquent la naissance d'une bande dessinée adulte et d'un érotisme appelé à se développer : *Barbarella*, de Forest, en 1964, victime des foudres de la censure, puis *Jodelle* et *Pravda la Survireuse*, de Peellaert, l'étonnante *Saga de Xam*, unique album de Nicolas Devil. En Italie, Crepax publie *Valentina*, dont les mises en pages audacieuses et l'érotisme fétichiste feront date. Longtemps méfiants, les intellectuels commencent à s'intéresser à la bande dessinée.

Losfeld est aussi le découvreur de Druillet, dont le *Lone Sloane* et *Délirius* sont bientôt repris dans *Pilote*.

L'extravagance narrative de ces *space operas**, le caractère baroque des décors et surtout l'éclatement complet de planches investies en tous sens influencent bon
nombre d'autres dessinateurs. Finie la sage obéissance
au scénario ; désormais, le dessin triomphe, dans un
grand débordement de fantasmes.

Très symptomatique de l'après-68 est la tendance
des auteurs à lancer eux-mêmes de nouveaux supports
de publication. Créé en 1969, *Charlie Mensuel* est
longtemps dirigé par Wolinski, qui en fait le reflet
direct de ses goûts et de sa personnalité. Trois ans
après, trois dissidents de *Pilote*, Gotlib, Mandryka et
Bretécher, fondent *L'Écho des Savanes*. Un peu plus
tard, laissant *L'Écho* aux mains du seul Mandryka,
Gotlib anime un mensuel à son image, *Fluide Glacial*,
lequel est toujours bien vivant aujourd'hui. Et ce sont
encore deux auteurs, Druillet et Moebius, qui, aux
côtés d'un touche-à-tout talentueux, Jean-Pierre
Dionnet, créent *Métal hurlant* et les Humanoïdes
Associés : pour la première fois la bande dessinée est
liée à une culture issue du rock, parfaitement incarnée
par Frank Margerin et son *Lucien*.

Créateur protéiforme, Moebius (*alias* Jean Giraud,
*alias* Gir) est l'artiste le plus représentatif des années 70.
Parallèlement à sa série classique, *Blueberry*, il multi-
plie les expériences. En 1976, *Arzach* propose une
sorte de réveil du regard : très intelligibles sur le plan
narratif, les quatre récits que contient ce volume sont
pourtant dépourvus de toute parole. Quant à *Major
Fatal*, long feuilleton paru trois années durant dans

*Métal hurlant*, c'est, de l'aveu même de l'auteur, «l'exemple type d'une bande dessinée sans scénario préétabli. Chaque fois que la tentation me prenait de durcir la ligne de l'histoire et qu'un but se profilait, je cassais tout et je repartais à l'aventure. De plus, d'un mois sur l'autre, il m'arrivait d'oublier ce que j'avais dessiné dans l'envoi précédent. D'autres fois, je ne me souvenais des délais qu'au dernier moment et j'envoyais deux pages improvisées en une nuit» (Moebius, préface à *Major Fatal*, Les Humanoïdes Associés).

## *A suivre*
## et le renouveau du récit

Si la liberté d'expression et l'inventivité graphique sont au poste de commande, le risque n'est pas mince d'une désaffection du grand public pour ces bandes où le récit est plus d'une fois malmené. Dès la fin des années 70, on relève un désir de réinvestissement des nouveaux acquis dans un cadre narratif plus rigoureux.

En février 1978, Casterman, l'éditeur de *Tintin* et d'*Alix*, lance le premier numéro d'*A suivre*. Dans l'éditorial, le rédacteur en chef Jean-Paul Mougin ne craint pas d'affirmer : «*A suivre* demandera à ceux qui sont les maîtres d'un nouveau genre de s'exprimer en toute liberté. *A suivre* présentera chaque mois les nouveaux chapitres de "grands récits", sans autre limite de longueur que celle que voudront leur donner les auteurs. Avec toute sa densité romanesque, *A suivre* sera l'irruption sauvage de la bande dessinée dans la littérature. »

Deux auteurs encadrent ce premier numéro comme ils domineront le journal : Hugo Pratt (né en 1927), qui, après un certain nombre de bandes dessinées plus ou moins alimentaires développées en Italie et en Argentine, a inventé le roman en bande dessinée avec *La Ballade de la mer salée* et la saga des aventures de *Corto Maltese* ; Jacques Tardi (né en 1946), qui, à côté des *Aventures extraordinaires d'Adèle Blanc-Sec*, développe de longs récits en noir et blanc, dont les plus frappants sont peut-être *Ici Même* (sur scénario de Forest), *120, rue de la Gare* (d'après un roman de Léo Malet) et *C'était la guerre des tranchées*, fresque ambitieuse et complexe autour d'un thème obsessionnel.

Dans les autres mensuels, on note un retour comparable aux préoccupations narratives, avec notamment les fables politiques de Christin et Bilal (*Les Phalanges de l'ordre noir*, *Partie de chasse*). *Circus*, fondé en 1975, laisse triompher un romanesque plus populaire avec *Les Passagers du vent*, de François Bourgeon, vaste fresque sur la marine de la fin du XVIIIe siècle, centrée sur deux personnages féminins. Chez le même éditeur, *Vécu*, créé en 1985, exploitera avec des bonheurs divers la veine du récit historique. Dans *Métal hurlant*, Moebius lui-même s'allie avec le prolifique Jodorowsky pour donner naissance aux *Aventures de John Difool*.

D'autres phénomènes sont symptomatiques des années 80. La vogue du style «ligne claire *», d'abord : lancé par le dessinateur hollandais Joost Swarte, qui mêle avec superbe la lisibilité hergéenne aux contenus de l'*underground,* ce courant valorise, à rebours de l'éclatement graphique de la décennie précédente, un style élégant et dépouillé, souvent empreint de nostalgie. L'européanisation de la bande dessinée, ensuite : aux côtés des Italiens, dont le rôle a été décisif, on voit apparaître la nouvelle génération des auteurs espagnols et même allemands.

La fin de la décennie est marquée par la crise des revues spécialisées. *Charlie Mensuel*, *Pilote*, *Métal hurlant*, *Circus* et *Tintin* disparaissent en peu de temps. *L'Écho des Savanes* nouvelle formule accorde à la bande dessinée une place des plus réduites. *Spirou* et *A suivre* se maintiennent tant bien que mal, et seul *Fluide Glacial* continue d'afficher une assez bonne santé.

Tout aussi frappant est le réveil de la bande dessinée anglo-saxonne et des histoires de superhéros. Il est vrai que ces derniers ont beaucoup évolué. Influencé de son propre aveu par l'avant-garde européenne, Frank Miller met en scène dans *The Dark Night* un Batman vieilli qui s'interroge sur son avenir. La même thématique est au centre de *Watchmen* (*Les Gardiens*), le best-seller mérité d'Allan Moore et Dave Gibbons. En un long récit superbement construit et grâce à un découpage inventif et rigoureux, les auteurs parviennent à régénérer les archétypes des *comic books* : que peuvent devenir les superhéros dans un monde qui n'a plus besoin d'eux ? Si *Watchmen* demeure traditionnel sur le plan du graphisme et des couleurs, d'autres *comic books* récents sont étonnants sur le plan plastique : le livre entier se trouve ainsi investi par un jeu de matières et de couleurs impensable auparavant.

Un autre phénomène important est le poids grandissant des *mangas*. Après avoir triomphé au Japon et avoir été adapté pour les États-Unis, *Akira*, l'interminable saga postatomique de Katsuhiro Otomo, arrive enfin en Europe, où ses mille huit cents pages vont être distillées, en fascicules puis en albums. Et, même si le phénomène reste aujourd'hui modeste, certains ne craignent pas de prédire une offensive nipponne sur la bande dessinée, d'une ampleur similaire à l'invasion des dessins animés sur les petits écrans...

*Loin d'être un simple phénomène de société,
la bande dessinée, ou neuvième art,
est un média à part entière, aux remarquables
spécificités. En un siècle et demi, elle a donné
naissance aux œuvres les plus diverses,
s'adressant à toutes sortes de public.*

*Plus reconnue aujourd'hui
qu'elle ne l'a jamais été, la bande dessinée
donne parfois un sentiment de stagnation
et de nombrilisme. Pourtant, les possibilités
de renouvellement ne manquent pas...*

# Perspectives
# pour un renouveau

# Une mutation nécessaire

Depuis 1968, la bande dessinée européenne a connu de profonds bouleversements, renouvelant ses supports et son public, son graphisme et ses contenus. Longtemps liée au monde de la presse, elle a rejoint celui du livre. Traditionnellement vouée à l'enfance, elle s'est tournée vers les adultes. Marquée du sceau du divertissement, elle a élargi son territoire à des domaines qui lui paraissaient à jamais fermés : l'érotisme, la politique, l'autobiographie, etc.

La bande dessinée est aujourd'hui à un tournant, déchirée entre des aspirations contradictoires, confrontée à des choix décisifs. Elle demeure prise dans une hésitation entre l'art populaire qu'elle n'est plus vraiment et le média à part entière qu'elle fait mine d'être devenue. Elle oscille entre les limites d'un

**La bande dessinée en perspective.**
*Longtemps considérée comme un pur divertissement, la bande dessinée s'est ouverte* *à de nouveaux contenus narratifs et à des styles visuels impensables il y a peu.*
© Albin Michel,
Lorenzo Mattotti, *Feux*.

genre aux clichés mille fois ressassés, à l'idéologie primaire et régressive, et les possibilités d'une forme où presque tout reste à inventer.

Je tenterai ici de dresser un état des lieux et de risquer quelques scénarios sur les perspectives qui pourraient s'offrir. Dans quelles directions la bande dessinée peut-elle se développer pour éviter de devenir une paralittérature hautement spécialisée ? Lui est-il possible d'accroître ses ambitions sans s'égarer dans le vain désir d'une reconnaissance académique ? Est-elle au terme de son parcours ou à la veille d'un nouveau départ ?

# Tentative d'état des lieux

## Les mutations du marché

Si elle n'est pas plus touchée par la crise que le reste de l'édition, la bande dessinée est pourtant loin d'être épargnée par les difficultés économiques. Après une quinzaine d'années de croissance ininterrompue (de 1970 à 1985), le secteur a connu bon nombre de turbulences, dont plusieurs petits éditeurs ont fait les frais. Certains ont disparu avec armes et bagages, d'autres ont été absorbés par des maisons plus puissantes, d'autres vivotent tant bien que mal.

Concentrations, restructurations et rachats ont alimenté de longs feuilletons. Ce sont d'abord les éditions Dupuis qui ont fait l'objet de manœuvres rocambolesques. Peu après, une filiale du groupe Ampère, Média-Participations, tenta de s'assurer la mainmise sur la bande dessinée, pour des motifs plus idéologiques qu'économiques : les dirigeants, des catholiques intégristes, voulaient contribuer à une moralisation de la jeunesse. Mais la reprise de Dargaud, de Fleurus et des Éditions du Lombard n'a pas eu les effets escomptés, et le journal *Tintin reporter* a connu un échec retentissant. Quant aux Humanoïdes Associés, après plusieurs faillites mémorables, ils ont été rachetés en 1989 par les Suisses d'Alpen Publishers, lesquels ont aussi repris à Dargaud une bonne partie de leur fonds adulte, jugé indésirable par les nouveaux propriétaires...

Une chose est certaine : quelle que soit leur conclusion, ces bouleversements éditoriaux ont affecté les auteurs et les libraires et contribué à déstabiliser le secteur, instillant la méfiance et la morosité. Selon les chiffres rassemblés par Thierry Groensteen dans *Toute la bande dessinée 92*, cinq cent douze nouveautés ont été publiées dans l'année, contre cinq cent soixante-quinze en 1991, ce qui correspond à une baisse de plus de dix pour cent. Le tirage moyen d'un album est aujourd'hui de l'ordre de dix mille exemplaires, soit beaucoup moins qu'il y a quelques années, mais toujours nettement plus qu'un ouvrage de littérature générale.

La reprise d'albums au format de poche, qui fit rêver nombre d'éditeurs et d'auteurs, est très loin d'avoir tenu ses promesses. Hormis quelques albums d'humour, les ventes des titres repris par la collection J'ai lu sont demeurées très modestes. Mais faut-il le regretter ? Découpées et remontées tant bien que mal, beaucoup de bandes dessinées laissaient le meilleur d'elles-mêmes dans cette adaptation contre nature.

Ce sont pourtant les revues qui ont le plus souffert depuis quelques années. La plupart ont disparu ; les autres survivent comme elles peuvent. Il est vrai que, devenues de simples empilages de récits aussitôt repris en album, elles ne remplissaient plus réellement leur fonction de découverte et voyaient leurs lecteurs vieillir et se raréfier. Une exception : *Fluide glacial*, spécialisé dans l'humour et les récits complets ; mais ce contre-exemple n'en est pas vraiment un, car les albums publiés par l'éditeur, Audie, sont peu nombreux et ne connaissent qu'un succès réduit. Il paraît désormais difficile de vendre deux fois les mêmes histoires sous des emballages différents.

Mais si elle n'est qu'à demi préoccupante pour les lecteurs, cette question se pose de manière cruciale pour les jeunes dessinateurs. Car, en même temps qu'elle les faisait découvrir au public, la prépublication\* en revues les soutenait financièrement. Au lieu du paiement à la page qui leur assura longtemps un minimum de revenus et un statut de journaliste, les débutants ne bénéficient plus aujourd'hui que de modestes avances sur droits. La professionnalisation des auteurs, qui fut un des privilèges de la bande dessinée, est largement mise en cause. Au rythme où vont les choses, le second métier deviendra bientôt la règle.

Le symptôme est d'autant plus frappant que le nombre de premiers albums décroît rapidement : il y en avait eu cinquante et un en 1991, et seulement trente-deux en 1992. Une difficulté supplémentaire est offerte par l'impératif de la série, particulièrement désastreux pour les jeunes dessinateurs : alors qu'il leur était possible, voici encore dix ans, de roder leur talent avec des histoires courtes, les voici d'emblée tenus de mettre au point un univers susceptible d'être développé sur quatre ou cinq albums. Le seuil fatidique des huit mille exemplaires vendus devenant de plus en plus difficile à franchir, nombre de ces séries sont abandonnées.

La chose est claire : le renouvellement des auteurs risque fort de poser problème. Il s'impose pourtant, d'autant plus que les goûts du jeune public semblent avoir nettement évolué et que la nouvelle génération serait peut-être mieux en mesure d'y répondre.

Une autre source de difficultés est que la presse générale demeure très fermée à la bande dessinée de création. En dépit de quelques collaborations à succès (comme celle de Claire Bretécher au *Nouvel Observateur*) et d'une expérience comme celle du *Matin* (qui publia durant plusieurs années un supplément BD où furent créées d'excellentes séries comme *Le Café de la plage*, de Régis Franc, et *Le Baron noir*, de Got et Pétillon), la plupart des journaux continuent de reprendre des séries américaines archi-usées. L'argument économique y est bien sûr pour quelque chose, mais le manque de curiosité pèse d'un poids plus lourd encore.

Le bilan global est cependant loin d'être entièrement morose. Certains auteurs d'aujourd'hui, Enki Bilal entre autres, sont plus médiatisés que leurs collègues ne l'ont jamais été par le passé. Quelques séries increvables continuent de triompher : un nouvel *Astérix* dépasse les deux millions d'exemplaires pour la seule langue française, et même une série privée depuis longtemps de tout nouveau titre comme *Tintin* se vend encore chaque année à plusieurs millions d'exemplaires.

De tels succès conduisent, hélas, plusieurs éditeurs à mener une politique des plus conservatrices, fondée sur la reprise de personnages célèbres par de jeunes dessinateurs. *Le Marsupilami* et *Blake et Mortimer*, *Rantanplan* et *Blueberry* ont ainsi vécu une nouvelle vie sous de nouvelles signatures. Mais, en l'absence du créateur et du contexte d'origine, la magie a disparu et, le plus souvent, le succès n'est pas au rendez-vous.

D'autres tendances sont heureusement plus encourageantes, comme l'apparition de jeunes éditeurs dynamiques (Delcourt, Vents d'Ouest, Soleil, Rackham, Arboris, etc.), désireux de donner leur chance à de nouveaux dessinateurs. Même une maison aussi traditionnelle que Dupuis entend offrir aux plus adultes de ses auteurs, avec une collection comme Aire libre, un contexte affranchi des contraintes de la bande dessinée pour la jeunesse.

Autre phénomène récent, dont les répercussions ne paraissent pas encore avoir été pleinement mesurées : la mondialisation du marché. Jusqu'à ces dernières années, la bande dessinée européenne, les *comics* anglo-saxons et les *mangas* japonais n'entretenaient que des rapports assez lointains. Certes, la bande dessinée américaine s'exportait dans le monde entier depuis les années 20, mais elle interférait peu avec les productions nationales. Aujourd'hui, les choses commencent à se poser en termes assez différents.

Les *comic books* et les *mangas*, qui se répandent à un rythme de plus en plus soutenu, touchent en priorité un public d'adolescents, nourris de dessins animés japonais, de jeux de rôles et de consoles vidéo, qui trouvent dans ces contes de fées ultraviolents une nourriture conforme à leurs attentes. En Espagne, en Italie, en Allemagne, les bandes dessinées des années 70 et 80 paraissent vieillottes et ennuyeuses aux nouveaux *teenagers*. A moins d'un renouvellement spectaculaire, la suprématie franco-belge semble avoir fait son temps.

## Le risque du ghetto

Face à une situation un peu morose, la tentation du repli sur soi est grande. Très significatif à cet égard est le fonctionnement des librairies spécialisées où la bande dessinée et ses avatars ont seuls droit de cité. Apparues vers 1970, ces boutiques se sont multipliées tout au long des années 80, transformant profondément le marché : les éditeurs, et même souvent les auteurs, se sont mis à produire en direction de ce créneau.

La bande dessinée a sécrété un petit monde dont elle a largement vécu et qui pourrait bien l'étouffer un jour. Un monde avec ses rites et ses manies, ses collectionneurs et ses sous-produits, qui évoque davantage l'univers de la philatélie que celui du livre. Un monde coupé de toute culture non «bédéphilique», mais où l'on peut citer la date de la première édition de *L'Éper-*

*vier bleu* ou le numéro de la plaque du D<sup>r</sup> Eugène Triboulet, un détail infime de *L'Oreille cassée*. Un monde où les séances de dédicaces sont reines et où l'on prend les dessinateurs pour des stars. Un monde de « dos toilés » et de « tirages de tête », où l'on met les albums à l'abri sans les lire pour éviter qu'ils ne s'abîment, un monde où la moindre planche originale* est supposée valoir de l'or...

La bande dessinée a ses experts et son argus, *Trésors de la bande dessinée*. Elle connaît même depuis quelques années l'honneur des grandes ventes publiques, dont l'une, chez Drouot, vit une couverture d'Hergé partir à plus de trois millions de francs.

Significatif d'un point de vue sociologique, ce phénomène me paraît pénalisant pour la bande dessinée. D'abord parce qu'il écarte le non-initié en lui donnant un sentiment d'exclusion : nul n'entre là s'il n'est du sérail. Ensuite parce que l'album y est de plus en plus utilisé comme un simple prétexte pour développer une gamme de produits périphériques : pin's, tee-shirts, figurines en latex, statuettes, plaques émaillées, sérigraphies, lithographies, affiches à tirage limité, portfolios, éditions de luxe numérotées et signées... Dans beaucoup de boutiques spécialisées, l'espace consacré au livre ne cesse de se réduire en faveur de celui des produits dérivés.

Ces derniers ne font pourtant qu'appuyer les succès déjà bien établis, sans participer le moins du monde au renouvellement de la bande dessinée et de son public.

## Une reconnaissance tardive et ambiguë

Une autre clé importante pour évaluer la situation de la bande dessinée est la façon dont elle est perçue dans les médias et dans les institutions culturelles. Longtemps, elle resta en dehors de tous les circuits de légitimation. Lorsque paraissaient les premiers albums d'Hergé, ils n'avaient droit qu'à une recension de quelques lignes dans les cas les plus favorables. Quant aux bibliothèques et aux universités, la bande dessinée n'y pénétrait pour ainsi dire jamais, sinon pour y être attaquée.

A la fin des années 50, le neuvième art bénéficie pour la première fois d'un semblant de reconnaissance. François Caradec fait paraître un ouvrage sur Christophe, préfacé par Raymond Queneau, et Pol Vandromme publie chez Gallimard *Le Monde de Tintin*. En 1962, Francis Lacassin lance le Club des Bandes Dessinées, avec notamment Alain Resnais, Remo Forlani et Jean-Claude Forest. Une première revue paraît, *Giff-Wiff*. Bientôt rebaptisé du nom plus pompeux de Centre d'étude des littératures d'expression graphiques (CELEG), ce groupe est concurrencé par la Société civile d'études et de recherche des littératures dessinées (SOCERLID) de Claude Moliterni. L'absence de l'expression bande dessinée est symptomatique : la légitimation se fait encore sur la pointe des pieds.

Passionnés avant tout par les œuvres de l'âge d'or américain, les spécialistes de cette époque joueront un rôle important, publiant la revue *Phénix*, favorisant les rééditions et organisant une grande exposition au musée des Arts décoratifs, « Bande dessinée et figuration narrative ».

Après 1968, la reconnaissance s'accélère ; il devient de bon ton d'apprécier la bande dessinée. Bientôt apparaissent les premiers congrès et les premiers festivals, rassemblant les dessinateurs et leur public à Lucca, en Italie, puis à Angoulême. Des mémoires et des thèses sont soutenus dans plusieurs universités. Sous la houlette de Pierre Fresnault-Deruelle, une sémiologie d'inspiration linguistique se développe, cependant que des monographies et des livres d'interviews sont consacrés à bon nombre d'auteurs. Souvent à la limite de l'hagiographie, les ouvrages de ce type continuent de pulluler, près de la moitié étant consacrés au seul Hergé. Mais les essais sur le média sont malheureusement beaucoup plus rares.

En 1972, un jeune Grenoblois, Jacques Glénat, lance une petite revue, *Schtroumpfanzine*, qui devient bientôt les *Cahiers de la bande dessinée*. Entre 1984 et 1988, ce bimestriel connaît un développement intéressant sous la direction de Thierry Groensteen : à côté d'un dossier consacré à un auteur, les albums et les tendances les plus frappantes du moment sont l'objet d'articles approfondis. Mais, faute d'avoir trouvé un public suffisant, les *Cahiers* disparaissent. Contrairement au cinéphile, grand consommateur de revues sur le cinéma, le bédéphile se montre en général peu curieux de réflexions sur le genre.

**Le Centre national de la bande dessinée et de l'image.**
*Ce temple de la bande dessinée a été édifié à Angoulême par l'architecte Roland Castro. Longtemps méprisée par les intellectuels et lue à la sauvette dans les cours de récréation, la bande dessinée est, depuis peu, l'objet d'une légitimation. Mais si la reconnaissance du « neuvième art » se justifie parfaitement, elle se double parfois d'une autosatisfaction plus regrettable.*
© Guy Charneau / GAMMA

En l'absence de tout organe spécialisé (sinon quelques *fanzines*, magazines réalisés par des fanatiques), la critique de bande dessinée est pour l'instant quasi inexistante. Hormis le jour d'ouverture du Salon d'Angoulême, un quotidien comme *Libération* ne consacre pour ainsi dire jamais d'article à la bande dessinée. Les autres journaux se contentent pour la plupart de recopier vaille que vaille les communiqués de presse ou de confier à un amateur la rédaction de billets d'humeur indigents. (Il est à noter que, du fait de l'aura particulière dont la bande dessinée y bénéficie, la situation est un peu plus favorable en Belgique.)

A la télévision, le neuvième art n'est pas mieux loti. Jugée trop populaire pour les émissions culturelles, la bande dessinée ne paraît pas assez porteuse pour les shows de variété. A l'exception, remarquable, mais déjà ancienne, de l'émission « Du Tac au Tac » où Jean Frapat révéla l'impact télévisuel d'un dessin en train de se faire, la télévision ne s'est guère montrée inventive. Orientée avant tout vers les jeunes, une chaîne comme M6 serait pourtant en mesure de proposer autre chose que la sempiternelle interview des auteurs et de tirer parti du potentiel visuel offert par bien des albums.

La plupart des bibliothèques se sont peu à peu ouvertes à la bande dessinée ; une association nommée Bulle en tête a même récemment été constituée, pour promouvoir la lecture de bandes dessinées dans les établissements de prêt et favoriser la création d'une médiathèque spécialisée en région parisienne. Mis à part au Québec, l'attitude de l'Université reste beaucoup plus réservée, en dépit des efforts de quelques passionnés. Malheureusement la bande dessinée n'est toujours pas reconnue par le Centre national de la recherche scientifique (CNRS) comme objet d'études, sous l'admirable prétexte qu'elle touche à plusieurs disciplines !

Créé en 1974, le Salon d'Angoulême a survécu aux difficultés de la ville et à la concurrence de nombreuses autres manifestations. Il est devenu, pour la bande dessinée francophone, une manifestation incontournable où sont décernés chaque année les Alph-Art, les prix les plus reconnus de la profession. Le Salon se fit longtemps une spécialité d'expositions spectacles d'une grande ambition, lesquelles culminèrent peut-être avec *Opéra Bulles* à la Grande Halle de la Villette.

Des festivals de bande dessinée se sont créés dans de nombreuses autres villes, dont Blois, Colomiers, Hyères, Illzach, Saint-Malo, Charleroi et Durbuy, en Belgique, Sierre, en Suisse romande, Erlangen et Hambourg, en Allemagne, Barcelone, en Espagne, etc. Mais trop de ces manifestations font preuve d'un navrant manque d'imagination. Alignés derrière des tréteaux, des dizaines de dessinateurs dédicacent leurs albums ; un vague accrochage de dessins, un débat improvisé et quelques vendeurs de *hot dogs* suffisent trop souvent à donner l'illusion d'un événement.

En France, les années Jack Lang ont correspondu à une légitimation accrue de la bande dessinée, marquée surtout par la construction, à Angoulême, du Centre national de la bande dessinée et de l'image (CNBDI). Abritant une vaste médiathèque et un remarquable musée, l'édifice de Roland Castro a malheureusement du mal à trouver son public. Dans le même temps s'est ouvert à Bruxelles le Centre belge de la bande dessinée (CBBD), dans le cadre somptueux d'un ancien grand magasin conçu par Victor Horta. Reste à espérer que cette légitimation, laborieusement acquise, n'ôte pas à la bande dessinée l'attrait du fruit défendu...

Un autre phénomène symptomatique est celui des écoles. Longtemps les dessinateurs se sont formés sur le tas, réalisant des histoires courtes pour un journal ou travaillant dans l'atelier d'un auteur réputé. A l'École des arts appliqués de Paris, un cours de bande dessinée fut dispensé par Georges Pichard dès 1964. Mais c'est à Bruxelles, et à l'instigation d'Hergé, qu'un véritable enseignement sera pour la première fois mis en place. Animé à partir de 1974 par le dessinateur Claude Renard, l'atelier bande dessinée de l'institut Saint-Luc jouera un rôle essentiel dans le renouveau de la bande dessinée belge, confrontant les étudiants à différents domaines graphiques et publiant plusieurs recueils collectifs sous le titre *Le 9e Rêve*. Nombre d'auteurs importants sortiront de ce groupe, parmi lesquels Schuiten, Sokal, Andreas, Goffin et Berthet.

Corollaire assez évident du Salon de la bande dessinée, l'automne 1983 a vu la mise en place d'une section de bande dessinée à l'école des beaux-arts d'Angoulême. Malgré des débuts un peu difficiles, cet enseignement semble avoir trouvé sa vitesse de croisière. Deux volumes des *Enfants du Nil* ont déjà été édités, et plusieurs anciens étudiants se sont mis à publier. Le niveau graphique qu'un éditeur attend aujourd'hui d'un débutant est de loin plus élevé qu'autrefois. Mais il est regrettable que ces différentes écoles continuent de privilégier à ce point le dessin, remettant à un improbable lendemain la réflexion sur le récit.

En une trentaine d'années – la chose est claire – la situation de la bande dessinée s'est considérablement modifiée : même si elle n'est pas encore acceptée comme un média à part entière, elle ne peut plus se dire victime d'un ostracisme. Mais cette légitimation, qui porte avant tout sur quelques auteurs, demeure teintée d'ambiguïté : il reste aujourd'hui plus valorisant pour un dessinateur de bande dessinée d'illustrer un roman de Céline ou de Le Clézio, d'exposer à la Biennale de Venise ou d'assurer la conception graphique d'un film que de réaliser un excellent album. Les créateurs sont plus reconnus que leur média.

# De nouveaux territoires

Il serait présomptueux de proposer des remèdes et des solutions prétendument miracles aux difficultés artistiques et économiques que connaît aujourd'hui la bande dessinée. Mais il n'est peut-être pas impossible de suggérer quelques pistes de réflexion, touchant aussi bien aux relations avec le public qu'à la création proprement dite. Une chose paraît claire : si elle veut sortir du relatif ghetto dans lequel elle se trouve enfermée, la bande dessinée se doit de s'ouvrir à de nouveaux thèmes, à de nouveaux types de récit et à de nouvelles images.

## La reconquête de l'enfance

En dépit de bien des idées reçues, l'enfance n'est plus aujourd'hui la cible principale de la bande dessinée. Toutes les innovations frappantes que celle-ci a connues depuis 1968 se sont effectuées dans le cadre de la production pour les adultes. Par un mouvement de réaction assez compréhensible, les auteurs les plus novateurs ont voulu s'affranchir des carcans graphiques, narratifs et thématiques des albums pour la jeunesse. Même Hergé, à la fin de sa vie, rêvait de réaliser une bande dessinée plus adulte et plus philosophique.

Cette relative désertion a malheureusement privé la bande dessinée pour enfants d'un renouvellement dont elle aurait eu le plus grand besoin. Ce qui fut naguère invention d'un nouveau mode de récit confine parfois à l'académisme : favorisée par certains éditeurs, l'imitation des grands anciens (ceux des années 50) conduit à une certaine sclérose. Alors que la littérature pour la jeunesse s'est depuis vingt ans ouverte à des types de graphisme très audacieux, beaucoup de bandes dessinées pour la jeunesse paraissent tristement vieillottes.

Dans *Les Aventures de Tintin* comme dans celles de *Spirou et Fantasio* ou dans les remarquables *Chlorophylle*, de Raymond Macherot, les récits faisaient preuve d'une grande maturité : en dépit des contraintes imposées par la fameuse loi de 1949, les auteurs ne craignaient pas d'aborder des thèmes comme les coups d'État, l'arme absolue ou la torture. Dans trop d'albums de ces dernières années domine au contraire un univers doucereux et presque niais, à mille coudées du monde dans lequel sont plongés les enfants et de celui que la télévision leur révèle. Éliminer la violence sous de fallacieux prétextes éducatifs conduit à des albums aseptisés. Exclure *a priori* certains thèmes parce que l'on s'adresse à des enfants prive les livres de tout enjeu et de tout véritable imaginaire.

En dépit de louables efforts de renouvellement, entre autres chez Dupuis, trop de bandes dessinées pour la jeunesse sont empreintes de puérilisme, et se révèlent incapables de rendre compte des problèmes auxquels les enfants d'aujourd'hui sont très tôt confrontés par adultes et médias interposés : le chômage, les difficultés écologiques, les bouleversements de la carte du monde, etc. Même les séries les plus réussies gardent une allure classique, un petit air de déjà-vu qui rassure les parents plus qu'il ne séduit les enfants. La bande dessinée pour la jeunesse n'a pas encore accompli sa révolution. Pour toucher les enfants d'aujourd'hui, il lui faut se renouveler de toute urgence, dans les thèmes comme dans la technique narrative et le graphisme.

Supplantée par le dessin animé ou les consoles vidéo, les jeux de rôle ou la musique rock, la bande dessinée ne paraît plus capable de fédérer à elle seule une tranche d'âge, comme ce fut le cas dans les années 50-60. Sans doute sa relative reconnaissance lui a-t-elle ôté son parfum d'école buissonnière. On le sait, pourtant : les adultes qui lisent des bandes dessinées en ont tous été nourris pendant leur enfance. Si la jeune génération n'en consomme guère aujourd'hui, il est peu probable que demain elle se montre curieuse des tentatives plus sophistiquées.

L'un des problèmes les plus difficiles à résoudre, par-delà la qualité des bandes, est assurément celui des supports. Les journaux de bande dessinée pour enfants ont perdu de leur dynamisme et la plupart de

**La nostalgie
des récits d'autrefois.**
*Même les meilleures séries
contemporaines de bande dessinée
pour la jeunesse sont empreintes
de nostalgie. Sensible au charme
des photographies jaunies, un héros
comme Théodore Poussin
parle peut-être à l'enfant
que nous avons été
plus qu'aux jeunes d'aujourd'hui.*
© Dupuis,
Frank Le Gall, *Théodore Poussin,
Un Passager porté disparu.*

leurs lecteurs se sont lassés. Beaucoup ont disparu, comme *Gomme* chez Glénat, *Tintin*, *Rigolo* ou *Hello BD*... A côté des increvables titres de la presse Disney, les mieux portants sont les magazines publiés par Bayard : *Okapi*, *Astrapi*, etc. Mais ces journaux, dirigeant avant tout leur promotion vers les parents et vers les enseignants, n'accordent à la bande dessinée qu'une place assez réduite.

Inventer de nouveaux supports, accrocheurs et peu coûteux, par-delà le magazine spécialisé et l'album cartonné, se révèle indispensable. Un hebdomadaire capable de séduire les enfants des années 90 ne pourrait de toute manière qu'accorder une large place à d'autres phénomènes que la bande dessinée. On imagine mal qu'il puisse rencontrer le succès sans établir une réelle synergie avec une émission de télévision (ce que les productions Disney sont seules à faire aujourd'hui). Mais il lui faudrait surtout se montrer inventif, audacieux et réellement contemporain.

## La présence de la femme

Destinés avant tout aux adultes, les *comics* américains ne connurent jamais la mise à l'écart de la femme qui affecta longtemps la bande dessinée européenne et qui reste, à mon avis, directement responsable de la représentation de la féminité qu'on y trouve aujourd'hui.

Même si elles n'étaient pas exemptes de tout machisme, les images de la femme proposées par les grandes séries d'Alex Raymond ou de Milton Caniff étaient variées et souvent surprenantes. Loin d'être de simples faire-valoir du héros, les femmes jouaient un rôle de premier plan. «Dans un *strip* d'aventures, au moins quatre-vingt-quinze pour cent de l'intérêt dépend des personnages féminins. Quoi qu'il arrive, c'est toujours plus intéressant si ça arrive à une fille!» déclarait Milton Caniff dans *Images de Chine* (éd. Gilou-Schlirf).

Dans le même temps, la femme était presque totalement absente des bandes dessinées européennes, à cause de la fameuse loi sur la protection de la jeunesse, mais aussi à cause de la pression des milieux bienpensants. Une anecdote rapportée par Edgar P. Jacobs est à cet égard révélatrice. Dans une page de *La Marque jaune*, l'un des personnages était représenté en train de lire un magazine. «Le hasard voulut que, la semaine où je dessinais cette planche, la couverture de l'*Illustrated* annonçât le départ en tournée du ballet de Covent Garden. Ce départ était illustré par la photographie d'une ballerine assise sur un panier de costumes (je tiens à préciser que dans mon dessin ledit magazine faisait exactement 2,5 cm x 1,5 cm). Lorsque les premières épreuves sortirent de presse, il n'y eut qu'un cri : "Jacobs est un cochon!" Affolée, la rédaction fit immédiatement tramer les jambes de l'infortunée danseuse. Ce fut pire encore! Enfin, en désespoir de cause, on fit tramer le tout. Il paraît qu'à Paris, un bon Père, directeur de lycée, aurait proclamé à cette occasion que, si un dessin aussi indécent reparaissait dans *Tintin*, il en interdirait la lecture dans son établissement. » (E.P. Jacobs, *Un opéra de papier*, Gallimard.)

En raison de cette pudibonderie, les seules figures féminines que l'on rencontre dans la bande dessinée franco-belge de cette époque sont des viragos, telles la Castafiore et l'épouse du chef du village gaulois d'*Astérix*, ou des mères de famille insipides comme dans *Jo et Zette*, *Boule et Bill* ou *Michel Vaillant*. Les années 60 connaîtront quelques pas, encore timides, vers la création de personnages féminins, comme celui de *Natacha, hôtesse de l'air*, de Walthéry, ou celui de *Yoko Tsuno*, de Leloup.

Dans la même période, la découverte de l'érotisme va donner naissance à plusieurs des bandes dessinées les plus inventives du moment. Et, chose frappante, tous les albums publiés par Losfeld dans sa collection du Terrain Vague sont centrés sur un personnage féminin. «Barbarella, déclarait à l'époque Jean-Claude Forest, m'apparaît comme la femme que j'aimerais rencontrer et qu'en fait je rencontre souvent dans ma vie. C'est la fille libre qui a choisi sa morale. Quant à sa liberté sexuelle, elle est absolue : elle choisit toujours. » (Jacques Marny, *Le Monde étonnant des bandes dessinées*, Le Centurion.)

Mais ce qui avait constitué une audace va peu à peu se muer en un nouveau conformisme : il n'y aura bientôt plus d'albums sans quelques scènes déshabillées. D'une misogynie par absence, on va passer à une misogynie de la représentation stéréotypée, tant

**Jacobs est un cochon !**
*En 1954,
alors que* La Marque jaune *paraissait dans l'hebdomadaire* Tintin, *la minuscule couverture lue par le personnage provoqua un petit scandale.*

*Révélateur de la pruderie ambiante, un tel détail permet de comprendre l'absence presque totale des femmes dans la bande dessinée franco-belge de l'époque.*
© Dargaud,
Edgar P. Jacobs, *La Marque jaune.*

graphiquement que narrativement. Malgré quelques exceptions, comme *Les Passagers du vent*, de Bourgeon, *Ida Mauz*, des frères Varenne, ou *Sophie*, de Muñoz et Sampayo, l'image des femmes dans les bandes dessinées reste tributaire de quelques clichés tenaces. La plupart de ces créatures de rêve ont le même visage éthéré, le même corps gracile et toujours disponible, le même manque de personnalité...

Dans *Le Monde* daté des 27 et 28 janvier 1985 fut publié un manifeste où quatre dessinatrices protestaient avec vigueur contre l'évolution des journaux de bande dessinée : « Navrante, cette soi-disant nouvelle presse percluse des plus vieux et des plus crasseux fantasmes machos. Navrant, de voir la plupart des journaux de bande dessinée emboîter le pas, prendre le chemin réducteur de l'accroche-cul et de l'attrape-con. » Il est vrai que la presse de bande dessinée du moment ne reculait pas devant le mercantilisme le plus plat. *L'Écho des Savanes*, *Pilote*, *Charlie Mensuel* et *Circus* multipliaient les couvertures déshabillées, Henri Filippini, rédacteur en chef de *Circus*, ne craignant pas d'affirmer en tête d'un numéro « Spécial putes » : « Racoler le lecteur n'a rien de dégradant ; c'est le marché qui veut ça, vous diront les experts en vente ! »

Longtemps destinée à un public essentiellement masculin, la bande dessinée doit aujourd'hui s'affranchir de ces clichés si elle veut séduire durablement les lectrices. De « pour adultes » qu'elle est souvent, avec le petit clin d'œil égrillard qui s'attache à l'expression, elle se doit de devenir adulte. Aux narrateurs, mais

# NINI TROMPOEIL

**La BD au féminin.**

*Seul auteur féminin
de bande dessinée à bénéficier
d'un vaste public, Claire Bretécher
a notamment rompu
avec les représentations stéréotypées*
*de la femme dans la bande dessinée.
Ni vamps, ni viragos,
ses personnages sont des caricatures
aussi variées que bien senties.*
© Claire Bretécher,
*Docteur Ventouse, bobologue.*

aussi aux dessinateurs, un réel effort d'imagination est demandé.

Cause ou conséquence de la situation que l'on vient de décrire : le nombre réduit d'auteurs féminins de bande dessinée. On n'en compte guère plus d'une dizaine, et une seule, Claire Bretécher, a conquis un très vaste public. A n'en pas douter, une présence féminine plus importante dans la profession pourrait contribuer à une évolution, tant dans le traitement des personnages de femmes que dans la sensibilité.

On pourrait se demander si, par-delà ces divers aléas, le média lui-même, avec sa succession de cadres rigides pris dans une dynamique fondamentale, n'a pas un caractère plus masculin que féminin. Il semble pourtant que ce ne soit pas le cas et que la bande dessinée soit parfaitement en mesure de toucher un public féminin. Au Japon, de nombreux magazines de *mangas* sont destinés aux fillettes, aux adolescentes et aux femmes, et connaissent un succès considérable.

## La réinvention du quotidien

A côté de l'imaginaire et de l'onirisme, terrains privilégiés de la bande dessinée, on peut souhaiter le développement d'une bande dessinée plus réaliste, capable de restituer à sa façon l'univers qui nous entoure. Trop d'albums récents se déroulent dans un cadre historique de pacotille et manquent d'un véritable enjeu.

Des auteurs comme Hergé, Jacobs ou Franquin étaient désireux de capter dans leurs pages les signes

**La bande dessinée témoin de son temps.**

*Dans 36.15 Alexia, Frédéric Boilet explore l'univers des rencontres par Minitel. Au-delà du thème, on notera le mode très neuf d'insertion du texte.*

*La bande dessinée confirme son aisance à intégrer des codes graphiques venus d'ailleurs.*

*© Les Humanoïdes Associés, Frédéric Boilet, 36.15 Alexia.*

les plus tangibles de la modernité. Un poste de télévision apparaît dès la première édition de *L'Île noire*, qui date de 1937, un an après les premières expériences en Angleterre ! Et *Les Aventures de Spirou et Fantasio* accueillirent immédiatement les engins les plus futuristes, les mobiliers les plus audacieux. De la même façon, les grands *family-strips*\* américains, tel *Bringing up Father*, de McManus, avaient offert à leurs lecteurs un parfait miroir de ce qu'ils vivaient.

Même s'il leur arrive de ressembler à s'y méprendre à leurs inspirateurs des années 50, les albums des dessinateurs « ligne claire » réalisés dans les années 80 s'en distinguent radicalement. Ce qui les fascine dans cette époque, c'est la nostalgie qui s'en dégage. Si séduisante que puisse être cette démarche, elle risque de conduire à une bande dessinée autoréférentielle, vivant de la célébration de ses propres mythes.

De cette tendance, l'œuvre d'Yves Chaland, prématurément disparu, est l'exemple le plus révélateur. Dès son premier album, *Captivant* (en collaboration avec Luc Cornillon), la mystification et la nostalgie étaient au rendez-vous. Faux journal des années 50, l'album pastichait de façon implicite une vingtaine de dessinateurs. Tel un élève de Jijé décalé dans le temps, Chaland proposa ensuite – avec *Les Aventures de Freddy Lombard*, *Le Jeune Albert*, ou avec sa reprise éphémère de *Spirou* – d'étranges objets au statut mystérieux. Ni continuations ni parodies, ces albums constituent de parfaits simulacres.

Même la bande dessinée anglo-saxonne de ces dernières années est victime de ce phénomène. Ici aussi, c'est un univers déjà «bédéistique» qui se trouve revisité, celui des superhéros. Pour ceux qui ne sont pas familiers de cette mythologie, le jeu perd une bonne partie de sa saveur. A terme, le risque d'enfermement n'est pas mince.

La définition officielle de l'auteur de bande dessinée, qui lui vaut de bénéficier d'une carte de presse, est celle de dessinateur-reporter. Mais bien peu justifient cette qualification par leur démarche et leurs travaux.

Les humoristes (Lauzier, Bretécher, Reiser, Margerin, Goossens, Boucq, Binet, Vuillemin, Lefred-Thouron...) comptent parmi les meilleurs témoins de notre temps. Ils sont parvenus à rendre compte de l'évolution des mœurs ou des inflexions du langage à la mode avec plus de finesse que bien des traités sociologiques. Quel lecteur du *Nouvel Observateur* ne s'est pas reconnu un jour dans une page des *Frustrés* ?

Mais, à côté de ces satires, on peut souhaiter l'éclosion d'une bande dessinée sérieuse, capable de rendre compte à sa manière de l'univers qui nous entoure. En 1983, dans leur essai *Fac-similé*, Bruno Lecigne et Jean-Pierre Tamine appelaient déjà de leurs vœux un «nouveau réalisme», notamment dans la lignée d'une histoire courte de Moebius intitulée *Cauchemar blanc* : évoquant un fait divers raciste, le dessinateur des mondes intergalactiques s'attachait ici à un décor tristement banal dont il tirait puissamment parti.

Certes, la photographie, le cinéma et la télévision peuvent paraître plus prédisposés à cette saisie du quotidien, mais le dessin est en mesure de réinventer le réel sans le recopier, apportant une forme de stylisation aux détails les plus éphémères.

Jacques Tardi (dans *Griffu* et *Tueur de cafards*), Michel Duveaux (dans *Beyrouth*) sont parvenus à extraire la substance de l'univers qu'ils décrivent. Dans *Blues*, Chantal Montellier a réussi à relater d'infimes faits divers avec beaucoup de pudeur et de justesse. Avec *36.15 Alexia*, Frédéric Boilet s'est fait l'explorateur attentif de l'univers du Minitel. Dans *Gens de France* et *Gens d'ailleurs*, Jean Teulé a proposé des portraits de personnages insolites, à mi-chemin du reportage illustré et de la bande dessinée : ces fragments d'interview, ces photographies retouchées, ces mises en pages façon BD constituent un mélange d'une étonnante efficacité. Mais, du quasi-reportage à la pure fiction en passant par le journal intime, beaucoup de voies méritent encore d'être explorées de ce côté.

## L'ambition narrative

L'un des enjeux les plus nets pour les bandes dessinées des prochaines années sera, semble-t-il, d'offrir aux lecteurs de véritables récits, d'une ampleur comparable à un roman ou à un film.

Pendant de longues années, une tendance à l'amenuisement a prévalu. Des *Aventures de Tintin*, longues chacune de soixante-deux pages et comprenant de douze à quinze cases par planche, on était passé peu à peu à des volumes de quarante-six ou quarante-quatre pages comprenant de six à huit vignettes chacune. Le calcul est facile : la réduction approchait des deux tiers. Qu'on ne se méprenne pas : il est évident que le nombre des vignettes ne suffit pas à déterminer la qualité d'un récit, mais il en définit certaines limites statutaires.

L'album « cartonné couleurs » de quarante-quatre planches est presque condamné à ne proposer que le squelette d'une histoire, se confondant à peu de chose près avec l'inéluctable déroulement du conte merveilleux selon Propp : réduite à une série de fonctions et de situations, l'intrigue devient bientôt simple schéma ; à peine achevée l'exposition, voici le dénouement qui commence à s'annoncer. Quant aux personnages, il s'agit de fantoches privés de toute épaisseur.

Pour contrer ces difficultés, c'est un remède pire que le mal qui s'imposa : celui des séries. Certes, depuis longtemps, la bande dessinée se fondait sur la récurrence des héros, mais, dans presque tous les cas, chaque récit demeurait autonome et pouvait se lire indépendamment de ceux qui précédaient. Rien de tel avec la plupart des séries récentes : chaque album n'y constitue en quelque sorte qu'un chapitre d'un récit qui, pour se développer complètement, aura besoin de quatre ou cinq livres, étalés sur plusieurs années. Si efficaces qu'ils puissent paraître de prime abord sur le plan commercial, ces feuilletons démesurément étirés ont sans doute beaucoup contribué à décourager le public.

Un autre péril récent, même s'il va dans une direction toute différente, est celui de l'adaptation littéraire, miroir aux alouettes censé apporter à la bande dessinée ses lettres de noblesse. La plupart de ces volumes, et notamment ceux que Futuropolis a publiés depuis quelques années, penchent clairement du côté du livre illustré. Étant par nature autosuffisants, des romans comme *Voyage au bout de la nuit* ou *Le Procès* ne peuvent que reconduire l'image dans son ancien statut d'illustration. Si brillant soit-il, le dessin ne constitue rien d'autre qu'une sorte de prime décorative.

On peut, en revanche, s'étonner que les écrivains, si nombreux à vouloir écrire pour le cinéma ou même pour la télévision, se soient si peu intéressés à la bande dessinée. Hormis quelques exceptions prestigieuses, comme Dashiell Hammet ou, plus près de nous, Jérôme Charyn, rares sont ceux qui se sont confrontés au neuvième art. Il offre pourtant l'immense avantage de permettre de véritables collaborations, où le scénariste est un coauteur à part entière. Encore faut-il que ce dernier joue réellement le jeu en s'intéressant aux possibilités spécifiques du média. Écrire pour la bande dessinée, ce n'est pas seulement proposer une histoire captivante et de beaux dialogues, c'est aussi, et peut-être surtout, susciter chez le dessinateur le désir de l'image.

Si les écrivains s'investissaient vraiment, il me semble qu'ils pourraient jouer un rôle important dans la régénération de la bande dessinée. A côté des

feuilletons souvent talentueux d'un Jean-Michel
Charlier hier (*Barbe-Rouge*, *Buck Danny*, *Blueberry*) et
d'un Jean Van Hamme aujourd'hui (*Thorgal*, *XIII*,
*Largo Winch*), il y a place pour des récits amples et
ambitieux, conçus pour ce genre, même et surtout s'ils
abordent des domaines qu'on lui croyait interdits.

Les renouvellements récents de l'œuvre de Will
Eisner (*L'Appel de l'espace*, *Un bail avec Dieu*), les
recherches audacieuses de Francis Masse, qui, dans
un album comme *Les Deux du balcon*, ne craignait pas
de mettre en scène des débats scientifiques d'une
grande complexité, l'intimisme d'un roman visuel
comme *L'Homme à la fenêtre*, de Lorenzo Mattotti et
Lilia Ambrosi, montrent à quel point la bande dessinée est en mesure d'accueillir de nouveaux contenus,
loin des ficelles et des recettes.

Sur ce terrain, les deux réussites les plus exemplaires sont toutefois *Perramus*, de Breccia et Sasturain, et *Maus*, de Spiegelman. Dans le premier, le
grand dessinateur argentin utilise admirablement le
noir et blanc dans un récit sombre et complexe où
Borgès, l'amnésie et les disparitions politiques occu-
pent les premiers rôles. La réussite de *Maus* est plus
étonnante encore. En deux volumes, Art Spiegelman
est parvenu à représenter l'impossible : se mettant en
scène lui-même aux côtés de son père, survivant des
camps d'extermination, il raconte un Holocauste où
les nazis sont des chats et les juifs des souris. La densité
du récit, la sincérité qui s'en dégage en font une œuvre
bouleversante. Publié au format d'un roman chez des

### Des souris et des chats.

*Le pari de* Maus *est l'un des plus ambitieux des dernières années. Art Spiegelman a mis en scène l'Holocauste à travers les souvenirs de son père, rescapé d'Auschwitz. Grâce à son ampleur narrative et sa force émotionnelle, ce récit est parvenu à toucher un public habituellement réfractaire à la bande dessinée.*

© 1986 by Art Spiegelman, avec la permission de Wylie, Aitken & Stone, Inc.

éditeurs de littérature générale, Spiegelman est parvenu à se faire lire et aimer par des gens qui se disaient allergiques à la bande dessinée.

Plusieurs albums de ce niveau seront sans doute nécessaires pour convaincre ce public que la bande dessinée est bien en mesure de procurer un plaisir comparable à celui d'un grand ouvrage romanesque et qu'elle ne souffre d'aucune carence sur le plan des possibilités narratives. Il lui faudra notamment prouver qu'elle est capable de donner naissance à de véritables personnages, par-delà les archétypes et les stéréotypes.

## Les renouvellements du dessin

Longtemps, les auteurs de bande dessinée affirmèrent entretenir avec le dessin une relation quasi instrumentale. Faisant l'éloge d'un dessin au trait, simplifié à l'extrême et d'une «bêtise bouffonne», Töpffer déclarait dans une lettre à Cham : «Ceci importe à la clarté de l'idée principale, qui doit être saisie d'un regard par les moins intelligents : c'est tout le secret de ces histoires.» Quant à Hergé, il expliquait, peu de mois avant sa mort : «De même qu'en littérature il faut tordre le cou à la littérature, je trouve qu'en bande dessinée il faut tordre le cou à l'esthétisme. Tant mieux si c'est beau, bien sûr, mais ce n'est pas le but à atteindre.» (*Le Monde d'Hergé*, Casterman.)

Après avoir triomphé, entre autres raisons parce qu'ils coïncidaient parfaitement avec les conditions de reproduction souvent sommaires de la presse, ces principes se sont trouvés mis à mal par une nouvelle génération de dessinateurs.

Souvent issus d'écoles d'art, marqués par la peinture, l'illustration et l'affiche, nombre de jeunes auteurs ont voulu faire entrer en bande dessinée une sensibilité graphique venue d'ailleurs. D'un album entièrement réalisé au crayon jusqu'aux aquarelles d'Alex Barbier, en passant par les expérimentations du groupe Bazooka (collage, insertion de photos, etc.) et le noir et blanc tachiste★ de Muñoz ou de Baudoin, des techniques et des styles considérés jusque-là comme inadéquats se sont imposés en peu d'années.

Le changement le plus frappant concerne les couleurs. Longtemps réalisées sur des bleus de coloriage★ par des coloristes spécialisés, avant tout soucieux d'obtenir de beaux aplats★ épousant strictement les contours, les couleurs se sont trouvées réinvesties par une série de dessinateurs. Soudain, voici que l'aquarelle, l'acrylique★, le pastel, les crayons de couleur ou la peinture à l'huile font leur entrée sur les planches de bande dessinée et que le souci des matières et des lumières se substitue à la simple mise en valeur du dessin.

Thierry Groensteen décrit fort bien la modification qui en résulte : «La couleur directe, c'est la couleur directement appliquée sur la planche, la couleur indissociable de l'œuvre originale, la couleur non plus surajoutée à une image qui pourrait se passer d'elle, mais constituant sa matière même. Les dessinateurs qui se réclament de cette tendance ont une approche plus physique et plus sensuelle du médium, qu'ils abordent d'abord en plasticiens... En somme, la couleur directe rend impropre l'expression "bandes dessinées", puisqu'il s'agit bien davantage, chez Barbier, Bilal ou Vink, de "bandes peintes". » (*Catalogue de l'exposition Couleur directe*, Hambourg.)

Mais ces innovations graphiques ont parfois leur revers. Depuis quelques années, on ne peut qu'être frappé par une tentation du pictorialisme★, visible dans l'inflation des affiches à tirage limité et des sérigraphies. La prolifération de ces images murales conduit certains auteurs à multiplier dans leurs albums les cases spectaculaires et inutiles, pathétiques à force de se vouloir mémorables.

Tout aussi frappante est l'évolution de plusieurs dessinateurs vers les galeries d'art. Escale à Paris et Papiers gras à Genève se sont fait ainsi une spécialité d'exposer les œuvres picturales d'auteurs consacrés : Moebius, Tardi, Loustal, Mattotti, etc. En dépit de quelques tentatives dignes d'intérêt, cette tendance risque fort de marquer une régression, un abandon de ce que la bande dessinée possède en propre.

A la bande dessinée s'applique parfaitement l'analyse de Walter Benjamin à propos de la photographie : au lieu de continuer à se demander si elle est bien un art, il serait temps pour elle de réfléchir aux transformations qu'elle apporte à la notion même d'art. Il est à cet égard un peu attristant de voir les dessinateurs se précipiter pour accrocher leurs planches sur ces cimaises que les peintres de la modernité s'étaient évertué à mettre en cause.

Quels que soient les résultats sur lesquels elles débouchent, ces tentatives présentent aussi le risque non négligeable de détourner de la bande dessinée quelques-uns de ses auteurs les plus talentueux. Le plaisir des grands formats, la découverte d'une pratique plus gestuelle peuvent conduire à désinvestir de la bande dessinée proprement dite une énergie graphique dont elle aurait le plus grand besoin. Après la peinture, la bande dessinée paraît bien laborieuse. Il n'est pourtant pas douteux que ce soient cette modestie d'enlumineur, ce soin accordé aux cases les plus discrètes, cette attention portée aux moindres enchaînements qui lui aient donné ses plus indiscutables chefs-d'œuvre.

Que l'invention graphique continue à se manifester, on ne peut bien sûr que le souhaiter. Encore faut-il que ces renouvellements conduisent à une dynamisation accrue du média et non à une désertion insidieuse.

## Le pari de la spécificité

Par-delà le scénario et le dessin, la bande dessinée constitue aussi un langage à part entière, dont l'exploration peut réserver bien des surprises. Là où trop de scénaristes se donnent pour seule ambition de raconter une bonne histoire, indépendamment du média dans lequel elle va s'incarner, quelques auteurs com-

**Lumière et matière dans la couleur.**
*Maître incontesté de la bande dessinée argentine, Alberto Breccia a multiplié les expériences graphiques et narratives tout au long de sa carrière.*

*Remarquables par leur utilisation très libre de la couleur, les récits qui composent ce volume le sont aussi par l'absence de toute parole.*
© Les Humanoïdes Associés, Alberto Breccia, *Dracula*.

plets cherchent à trouver dans les particularités de la bande dessinée matière à relancer leur travail. Dans la lignée d'œuvres comme celle de Töpffer, de Winsor McCay ou de Fred, il s'agit ici d'explorer ce que la bande dessinée possède en propre : depuis les relations entre le texte et l'image jusqu'à la gestion de l'espace et du temps.

Trop d'auteurs continuent de croire que la grammaire de la bande dessinée a été définie une fois pour toutes et qu'il ne s'agit plus maintenant que d'y couler de nouveaux récits. Si parfaite que soit la syntaxe hergéenne, il n'est pas question de la ressasser indéfiniment. D'autres usages de la planche, de nouveaux modes d'insertion de l'écrit, de nouvelles formes de livres peuvent et doivent être inventés si l'on veut éviter que la bande dessinée ne se fige.

Les innovations les plus spectaculaires furent souvent le fait d'œuvres de recherche, demeurées assez confidentielles. Dans *Carpet's Bazaar*, François Mutterer et Élisabeth Van parvinrent ainsi à développer un véritable récit dont tout visage était absent. Plus audacieux encore est le roman visuel de Martin Vaughn-James intitulé *La Cage*. En cent quatre-vingts pages, que ne traverse aucun personnage, l'auteur bâtit un univers obsessionnel d'une rare puissance, à partir de la transformation de quelques lieux et de quelques objets : une chambre peu à peu envahie par le sable, des murs qui se lézardent à vue d'œil, une végétation qui recouvre des ruines, etc. Dans cet album singulier – hélas méconnu –, toute trajectoire dans l'espace

**Le vertige
de la mise en abyme.**
*Dans les trois volumes
des* Aventures de Julius Corentin
Acquefacques, *Marc-Antoine Mathieu joue
brillamment sur les ressources*

*du récit spéculaire.
La bande dessinée et ses codes,
la lecture et ses pièges,
tels sont les véritables sujets
de cette série.*
© Delcourt,
Marc-Antoine Mathieu, *L'Origine.*

se double d'une évolution temporelle. Si loin de la bande dessinée que puisse sembler un tel livre, il en révèle plusieurs mécanismes fondamentaux.

Mais des trouvailles presque aussi étonnantes ont parfois été effectuées dans le cadre de récits à vocation plus populaire. Dans *Soirs de Paris*, Avril et Petit Roulet ont proposé un jeu plein d'humour sur l'absence de dialogues : suggérées par des phylactères graphiques, pensées et paroles se donnent à voir. Dans *L'Origine*, Marc-Antoine Mathieu est parvenu à renouveler avec brio la question de la mise en abyme : une case évidée, qualifiée dans le récit d'anticase, ouvre sur les pages qui précèdent et qui suivent, ménageant de passionnantes secousses narratives. Dans *Nogegon*, Luc et François Schuiten ont tenu la gageure d'un palindrome visuel : le livre en son entier fonctionne de manière symétrique, page après page et case après case, couvertures comprises. Quant à l'album *Watchmen* (*Les Gardiens*), de Moore et Gibbons, il offre un découpage d'une incroyable rigueur, fondé sur le retour régulier des mêmes cadrages et des mêmes objets : des raccords d'une grande subtilité relient les scènes les unes aux autres, imposant au lecteur une attention de chaque instant s'il veut véritablement goûter le récit.

Sur un mode enjoué, Lewis Trondheim et ses compagnons du groupe L'Association sont de ceux qui s'efforcent le plus, aujourd'hui, d'ouvrir la bande dessinée à de nouveaux territoires. Ils proposent des albums d'une longueur exceptionnelle (cinq cents pages pour *Lapinot et les carottes de Patagonie*) ou de

**Le renouvellement des codes.**

*Le langage de la bande dessinée n'a pas été défini une fois pour toutes. Des usages de la page aux relations entre le texte et l'image, bien des renouvellements demeurent possibles.*

*Dans* Soirs de Paris, *les auteurs se sont amusés à traduire visuellement tous les dialogues en même temps qu'ils se livraient à une confrontation ludique avec la peinture.*
© Les Humanoïdes Associés, Avril et Petit-Roulet, *Soirs de Paris.*

format minuscule, ils combinent à perte de vue les mêmes images en ne modifiant que les dialogues ou inventent le récit dans un deuxième temps, après avoir réalisé les dessins. Persuadés que le renouvellement des codes est une nécessité impérieuse, ils multiplient les expériences, jouant avec le lecteur et avec les conventions du genre. Dans la lignée de ces recherches, un OUBAPO (Ouvroir de bande dessinée potentielle), parent de l'Oulipo de Queneau et Perec, vient d'ailleurs d'être créé pour découvrir de nouvelles structures, mettre au jour des dispositifs inattendus.

Dans cette direction et dans bien d'autres, les possibilités ne manquent pas. Explorer ses propres spécificités est, pour la bande dessinée, l'une des manières les plus sûres d'échapper au ressassement.

# Quel avenir
# pour la bande dessinée?

On pourrait craindre, parfois, que les jours de la bande dessinée soient comptés. Moyen d'expression éphémère, elle aurait donné le meilleur d'elle-même en quelques décennies. Après un court triomphe, elle se serait révélée incapable de survivre à sa mode et de résister au mercantilisme. A peine légitimée, elle aurait montré ses limites intrinsèques.

Mon propre sentiment est tout différent. Malgré les déceptions que procurent bien des albums, le potentiel de cette forme narrative demeure immense. La bande dessinée mérite mieux, en tant que média, que la plupart des réalisations auxquelles elle a donné naissance. Sa nature mixte, son art de l'ellipse, sa légèreté de réalisation devraient lui valoir, avec un peu d'imagination, de surprenants lendemains.

Langage à part entière, elle est en mesure d'aborder, en plus de la fiction, nombre de domaines inattendus. Le journal intime et la correspondance, l'essai et le documentaire pourraient parfaitement être traités sous forme de bande dessinée. Et, même si presque toutes les utilisations didactiques ou pédagogiques de la bande dessinée ont débouché jusqu'à ce jour sur des résultats consternants, ce domaine n'est nullement fermé. Il faudrait seulement prendre enfin en compte ses exigences et ses possibilités, au lieu de n'y voir, de façon démagogique, qu'un moyen facile de faire passer des contenus austères.

Tout aussi nombreux pourraient être les usages de la bande dessinée hors de ces supports traditionnels que sont l'album et le journal. Art essentiellement reproductible, lié dès l'origine aux procédés de son temps, la bande dessinée n'a rien à gagner à se montrer frileuse sur le plan technologique. Winsor McCay a montré la voie au début de ce siècle en devenant un des pionniers du dessin animé. Sans fascination béate, mais aussi sans complexe, la bande dessinée pourrait aujourd'hui entretenir un véritable dialogue avec d'autres formes de narrations visuelles : le cinéma, la télévision, l'infographie, etc. A l'image de synthèse comme aux jeux vidéo ou aux réalités virtuelles, elle pourrait apporter un supplément d'humour et d'imaginaire...

Par-delà ces diverses pistes, il en est certainement bien d'autres. Cent soixante ans après Töpffer, presque tout reste à inventer.

# Annexes

# Glossaire

**Acrylique** : peinture obtenue par dispersion de pigments de couleur, broyés à l'eau, dans un latex.

**Aplat** : une couleur est apposée en aplat lorsqu'il n'y a aucune variation de nuance à l'intérieur d'une zone.

**Bleu de coloriage** : feuille de papier sur laquelle on reproduit la planche originale au format de parution, en bleu pâle ou en gris. Mis en couleur par le dessinateur ou par un(e) coloriste, ce document sera utilisé pour la photogravure.

**Case** (ou **vignette**) : image généralement cernée d'un trait et faisant partie d'une planche. La case est l'unité minimale de la bande dessinée et la base de son langage.

**Chronophotographie** : méthode de décomposition photographique du mouvement mise au point par le physiologiste français Étienne Jules Marey (1830-1904).

*Comic book* : petit fascicule consacré à un épisode des aventures d'un superhéros.

*Comics* : littéralement « drôleries ». Nom anglo-saxon des bandes dessinées.

*Comic strips* : bandes dessinées américaines paraissant dans la presse sous forme de bandes quotidiennes.

**Crayonné** : brouillon détaillé de la page, généralement réalisé sur la planche originale.

**Découpage** : première représentation du scénario sous une forme graphique. Le récit est découpé en une succession de cases.

**Entre-images** : espace séparant deux cases de bande dessinée qui peut désigner, par extension, les images sous-entendues, les ellipses dans la représentation d'une action.

**Espace linéaire** : une page de bande dessinée peut être quali-fiée de linéaire quand on la lit comme une pure succession, en Occident par exemple, de gauche à droite et de haut en bas.

**Espace tabulaire** : par-delà les cases qui la composent, la page de bande dessinée constitue aussi un espace global, un tableau.

*Family-strips* : chronique d'une famille en bande dessinée, dans la lignée du *Bringing up Father* (*La Famille Illico*) de Geo McManus.

*Fumetti* : littéralement «ballons, bulles». Nom italien des bandes dessinées.

*Funnies* : bandes dessinées comiques américaines du début du siècle ; les *funnies* sont à la bande dessinée ce que le burlesque est au cinéma.

*Historietas* : littéralement «historiettes». Nom espagnol des bandes dessinées.

**Lettrage** : mise au net manuelle du texte et des onomatopées.

*Lianhuanhua* : littéralement «images enchaînées». Nom chi-nois des bandes dessinées.

**Ligne claire** : style de bande dessinée se réclamant d'Hergé et fondé sur le dépouillement du trait.

**Lithographie** : reproduction d'un dessin par impression sur une pierre calcaire.

*Mangas* : bandes dessinées japonaises.

*Marvel Way of Comics* : ou le *comic book* selon les éditions Marvel. Ensemble de codes et de principes édictés par les res-ponsables de cette maison d'édition pour garantir l'homogénéité et l'efficacité des récits paraissant sous leur label.

**Mise à l'encre** (ou **encrage**) : reprise à l'encre de Chine du dessin crayonné.

**Mise en pages** : organisation des cases sur la surface de la page.

**Multicadre** : ensemble d'images rassemblées en un même lieu. La page de bande dessinée est un multicadre.

**Onomatopée** : transposition écrite d'un bruit ou d'un son. Exemples : « Vlam », « Crac ».

**Photogramme** : chaque image photographique d'un film. On en compte vingt-quatre par seconde.

**Phylactère** (ou **bulle**) : espace réservé au texte à l'intérieur de la case.

**Pictorialisme** : courant graphique ou photographique cherchant à retrouver un rendu pictural.

**Planche** (ou **page**) : ensemble des cases figurant sur la même page.

**Planche originale** : dessin définitif d'une page de bande dessinée, à un format presque toujours plus grand que celui de la parution.

**Prépublication** : parution d'une bande dessinée dans la presse, généralement sous forme de feuilleton.

**Récitatifs** : textes de commentaire figurant dans l'image sans être attribués à l'un des personnages du récit. Exemple : « Pendant ce temps... ».

**Reproductibilité technique** : aptitude d'une œuvre à être reproduite en série par un procédé mécanique. « Avec le XX$^e$ siècle, les techniques de reproduction ont atteint un tel niveau qu'elles vont être en mesure de s'imposer désormais comme des formes originales d'art. » (Walter Benjamin.)

**Séquentialité** : caractère de ce qui forme une séquence ; ensemble d'images formant une suite.

**Sérigraphie** : procédé d'impression sur papier à l'aide d'un écran pochoir sur lequel est tendu un tissu de mailles.

***Space operas*** : littéralement « opéras spatiaux ». Ce terme désigne des récits de science-fiction spectaculaires et libres de tout souci de vraisemblance.

***Strip*** (ou **bande**) : ensemble des cases figurant sur une même ligne horizontale. Le *strip* peut être isolé (il s'agit alors d'un *daily strip*), ou faire partie d'une page. Une planche de bande dessinée classique comprend trois ou quatre *strips*.

**Tachiste** : style graphique privilégiant les taches plutôt que le trait.

***Underground*** : littéralement « souterrain ». Bandes dessinées paraissant dans des supports souvent confidentiels et témoignant de l'esprit de la contre-culture américaine des années 60-70.

# Cinquante bandes dessinées
# pour une bibliothèque idéale

Toute sélection est subjective, particulièrement lorsqu'elle est le fait de quelqu'un qui est lui-même auteur. Je remercie donc Thierry Groensteen et le CNBDI d'Angoulême de m'avoir aidé à établir la présente liste. Ne sont retenus ici que des titres actuellement disponibles en langue française.

### Les classiques américains

CANIFF, Milton, *Terry et les Pirates*, Futuropolis, coll. Copyright (6 vol.).

HERRIMAN, George, *Krazy Kat*, Futuropolis, coll. Copyright, 1991.

MCCAY, Winsor, *L'Intégrale de Little Nemo*, Zenda, 1990 (5 vol.).

MCMANUS, George, *La Famille Illico*, Futuropolis, coll. Copyright, 1980-1985 (3 vol.).

RAYMOND, Alex, *Flash Gordon*, Futuropolis, coll. Copyright (3 vol.).

VERBEEK, Gustave, *Dessus-Dessous*, éd. Pierre Horay, 1977.

### Les classiques franco-belges

CHRISTOPHE, *La Famille Fenouillard*, Armand Colin, 1981.

GIRAUD et CHARLIER, *Blueberry*, Dargaud, Novedi, puis Alpen Publishers (24 vol.).

FRED, *Philémon*, Dargaud (15 vol.).

HERGÉ, *Les Aventures de Tintin*, Casterman (24 vol.).

FRANQUIN, André, *Les Aventures de Spirou et Fantasio*, Dupuis (vol. 2 à 19) et *Gaston Lagaffe*, Dupuis (15 vol. parus).

JACOBS, Edgar P., *Blake et Mortimer*, éd. Blake et Mortimer (12 vol.).

MACHEROT, Raymond, *Chlorophylle*, Lombard (8 vol.).

MORRIS, *Lucky Luke*, Dupuis et Dargaud (61 vol. parus, dont 37 sur scénario de Goscinny).

PEYO, *Johan et Pirlouit*, Dupuis (13 vol.).

SAINT-OGAN, Alain, *Zig et Puce*, Futuropolis, coll. Copyright (5 vol.).

TILLIEUX, Maurice, *Tout Gil Jourdan*, Dupuis (6 vol.).

TÖPFFER, Rodolphe, *Histoires en images*, éd. Pierre Horay, 1975.

UDERZO et GOSCINNY, *Astérix*, Dargaud, puis éd. Albert-René (les volumes récents sont dus au seul Uderzo).

## Les nouveaux humoristes

BRETÉCHER, Claire, *Les Frustrés*, chez l'auteur (5 vol.).

CHALAND, Yves, *Le Jeune Albert*, Les Humanoïdes Associés, 1993.

GOTLIEB, Marcel, *La Rubrique-à-brac*, Dargaud (5 vol.).

MARGERIN, Frank, *Lucien*, Les Humanoïdes Associés (10 vol.).

MASSE, Francis, *Les Deux du balcon*, Casterman, 1985.

REISER, *Gros Dégueulasse*, Albin Michel, 1982.

SCHULZ, Charles Monroe, *Peanuts et Compagnie*, Hachette.

WATTERSON, Bill, *Calvin & Hobbes*, Hachette, puis Presses de la Cité (6 vol.).

## Le roman en bande dessinée

BAUDOIN, Edmond, *Le Portrait*, Futuropolis, 1990.

BILAL, Enki, *La Foire aux immortels*, Les Humanoïdes Associés, 1990.

BOUCQ, François, et CHARYN, Jérôme, *La Femme du magicien*, Casterman, 1986.

BOURGEON, François, *Les Passagers du vent*, Glénat (5 vol.).

BRECCIA, Alberto, et SASTURAIN, Juan, *Perramus*, Glénat (3 vol.).

COMÈS, Didier, *Silence*, Casterman, 1980.

CREPAX, Guido, *Histoire d'une histoire*, Albin Michel.

FLOC'H, Jean-Claude, et RIVIÈRE, François, *Une trilogie anglaise*, Dargaud, 1992.

GIARDINO, Vittorio, *Max Fridman*, Glénat, 1992 (2 vol.).

GIBBONS, Dave, et MOORE, Alan, *Les Gardiens*, Zenda (6 vol.).

LOUSTAL, Jacques de, et PARINGAUX, Philippe, *Barney et la note bleue*, Casterman, 1987.

MATHIEU, Marc-Antoine, *L'Origine*, Delcourt, 1991.

MATTOTTI, Lorenzo, *Feux*, Albin Michel.

MOEBIUS, *Le Garage hermétique*, Les Humanoïdes Associés, 1990.

MUÑOZ et SAMPAYO, *Alack Sinner*, Casterman (5 vol.).

PRATT, Hugo, *Corto Maltese*, Casterman (12 vol.).

SCHUITEN, François et Luc, *Nogegon*, Les Humanoïdes Associés, 1990.

SPIEGELMAN, Art, *Maus*, Flammarion (2 vol.).

TARDI, Jacques, et FOREST, Jean-Claude, *Ici Même*, Casterman, 1979.

VARENNE, Alex et Daniel, *Ardeur*, Albin Michel (6 vol.).

VAUGHN-JAMES, Martin, *La Cage*, Les Impressions Nouvelles, 1986.

YSLAIRE, *Sambre*, Glénat (2 vol.).

# Bibliographie

### Les techniques de la bande dessinée

BAETENS, Jan, et LEFÈVRE, Pascal, *Pour une lecture moderne de la bande dessinée*, Centre belge de la bande dessinée, Bruxelles, 1993.

GODDIN, Philippe, *Comment naît une bande dessinée : par-dessus l'épaule d'Hergé*, Casterman, 1992.

PEETERS, Benoît, *Case, planche, récit : comment lire une bande dessinée*, Casterman, 1991.

### Les genres de la bande dessinée

BARON-CARVAIS, Annie, *La Bande dessinée*, PUF, coll. Que sais-je?, 1991.

FRÉMION, Yves, *Le Guide de la bédé francophone*, Syros-Alternatives, 1989.

GROENSTEEN, Thierry, *L'Univers des mangas*, Casterman, 1991.

### Essais sur la bande dessinée

Collectif, *Conséquences n° 13-14 : contrebandes*, Les Impressions Nouvelles, 1990.

REY, Alain, *Les Spectres de la bande*, éd. de Minuit, 1978.

### Pour se tenir au courant

GROENSTEEN, Thierry (sous la direction de), *Toute la bande dessinée*, paraît annuellement aux éditions Dargaud.

# Index

## Index des auteurs

## Index des bandes dessinées, revues et magazines

# Dans la même collection

Ont collaboré à l'ouvrage :

Édition : Béatrice Becquart
Fabrication : Jean-Pierre Pompidou
Conception graphique et mise en pages : Daniel Leprince
Recherche iconographique : Marie-France Naslednikov
Corrections : Colette Morel, Mariane Becker et Anne Morvan

Photo de couverture : Enki Bilal et Pierre Christin,
*Partie de Chasse*, © Les Humanoïdes Associés

Achevé d'imprimer en octobre 1993
sur les presses de
l'Imprimerie Hérissey à Évreux
N° d'éditeur : 14758
N° d'imprimeur : 62631
Dépôt légal : novembre 1993